养老旅游发展机理与养老机构改革发展研究

黄 璜 著

中国财经出版传媒集团

经济科学出版社
Economic Science Press

·北 京·

图书在版编目（CIP）数据

养老旅游发展机理与养老机构改革发展研究/黄璜
著 . --北京：经济科学出版社，2023.9
ISBN 978 - 7 - 5218 - 5229 - 5

Ⅰ.①养⋯　Ⅱ.①黄⋯　Ⅲ.①养老 - 旅游业发展 - 研
究 - 中国②养老院 - 发展 - 研究 - 中国　Ⅳ.①F592.3
②D669.6

中国国家版本馆 CIP 数据核字（2023）第 191238 号

责任编辑：李晓杰
责任校对：蒋子明
责任印制：张佳裕

养老旅游发展机理与养老机构改革发展研究
黄　璜　著

经济科学出版社出版、发行　新华书店经销
社址：北京市海淀区阜成路甲 28 号　邮编：100142
教材分社电话：010 - 88191645　发行部电话：010 - 88191522
网址：www. esp. com. cn
电子邮箱：lxj8623160@ 163. com
天猫网店：经济科学出版社旗舰店
网址：http：//jjkxcbs. tmall. com
北京密兴印刷有限公司印装
710 × 1000　16 开　12.25 印张　180000 字
2023 年 9 月第 1 版　2023 年 9 月第 1 次印刷
ISBN 978 - 7 - 5218 - 5229 - 5　定价：56.00 元
（图书出现印装问题，本社负责调换。电话：010 - 88191545）
（版权所有　侵权必究　打击盗版　举报热线：010 - 88191661
QQ：2242791300　营销中心电话：010 - 88191537
电子邮箱：dbts@ esp. com. cn）

前　　言

随着我国人口老龄化的快速发展，旅游市场也呈现出老龄化的特征，养老旅游已经成为老年人的重要生活方式，全国涌现出了三亚、西双版纳、巴马和攀枝花等一大批养老旅游目的地，大力发展养老旅游和康养产业也成为了各地区文化和旅游部门"十四五"时期的重点工作。

针对日益发展的养老旅游产业，笔者近十年来连续开展了一系列课题研究工作：2013 年完成全国老龄办部级课题《老年人口季节性迁移机理与农村养老目的地发展研究》，并荣获部级研究成果一等奖，该课题重点研究了积极应对人口老龄化背景下的养老旅游理论，以及我国农村养老目的地发展实践；2015 年完成民政部委托课题《养老机构机制改革与分类管理研究》，该课题重点研究了我国的养老机构机制改革理论和分类管理实践；2016 年完成北京市社科基金课题《北京市老年季节性迁移机理及社会支持体系研究》，该课题重点研究了北京市的养老旅游发展战略和实践；2019 年完成了国家自然科学基金项目《老年人口季节性迁移发展机理与综合效应研究》，该课题重点研究了老年人口季节性迁移的迁移动机、行为特征和综合效应。

本书是在上述国家级和省部级课题研究成果基础上整理而得，分为上下两篇，共十章。上篇在旅游业高质量发展、旅游和康养产业融合发展的背景下，从理论视角研究了养老旅游的出游动机、旅游规律、综合效应，从实证视角研究了老年居民在养老旅游目的地的休闲行为特征，借鉴了国内外养老旅游目的地发展的经验，提出了养老旅游目的地的发展战略，设计了养老旅游目的地的评价指标体系。下篇在积极应对人口老龄化、构建医养康养相结合养老服务体系的背景下，从理论视角分析了养老服务的基本特征和公共服务属性，借鉴了发达国家养老服务和养老机构的分类管理经验，研究了养老服务质量评价原则和指标体系，提出了我国养老机构改革发展的战略体系。

黄璜

2023 年 9 月

目 录
contents

>   >   >   >   > ·   >

上篇　养老旅游理论与养老旅游目的地发展

上篇

养老旅游理论与养老旅游目的地发展

养老旅游是指老年人旅行到其常住地之外生活，以提高生活质量为目的，以季节性、多住宅、巡回式的生活方式为特征，既不同于短期旅游，也不同于长期性迁移，具有独特发展规律。养老旅游获得了旅游学、人文地理学、社会学等多个学科关注，呈现出交叉学科的特征。

宜居环境（McHugh et al.，1991；Bradley et al.，2009）、社会关系网络（Oldakowski，1986；Stoller et al.，2001；Ono，2008；Oh，2003）、养老服务完备程度（Ono，2008；Speare et al.，1991）、生活成本和投资收益等经济因素（Conway，2003；Graves et al.，1991；Oliver，2008；Ono，2008）是引致养老旅游的主要动机。养老旅游者的行为特征与身份认同处于旅游者与本地居民之间的过渡性状态（Haug et al.，2007）。养老旅游是居家养老的补充而非替代（穆光宗，2010），他们与典型的旅游行为保持距离，积极融入目的地传统文化和惯常生活之中，更为强调"原真性"（Gustafson，2002），但是又不愿意与目的地社会完全整合，而是在语言能力、生活方式、社会网络等方面保持着相对的独立性和封闭性（Gustafson，2002）。养老旅游能显著提高老年人生活质量（Ferraro，1981），保障老年人的经济、社会和文化等权利，促进"积极老龄化"实现（WHO，2002）。养老旅游能够促进目的地经济增长和社会发展（Sastry，1992；Deller，1995；Berkman et al.，2004），推动产业结构和服务品质升级（Reeder et al.，1990；Bennett，1993）。老年人是特殊的弱势群体，在养老旅游过程中，由于属地化管理造成公共服务缺位，以及远离亲朋造成社会关系网络断裂，则更为弱势并依赖社会支持体系。养老旅游的社会支持体系包括制度支持、公共服务支持、产业支持、社会关系支持、经济支持等多个要素。如果养老旅游的社会支持体系不完善，则会制约老年人与目的地的良性互动。

养老旅游是发达国家的重要社会现象。例如，美国明尼苏达州的老年人在冬季南下避寒，而亚利桑那州的老年人在夏季则北上避暑（Hogan et al.，1998）。意大利的托斯卡纳、西班牙的太阳海岸、葡萄牙的阿尔加维等都是著名的养老目的地（Casado - Diaz et al.，2004；Hillman，2012；Ono，2008）。随着我国人口老龄化的加剧，养老旅游现象也将随之进入快速增长期。国内学者关于养老旅游动机模型、行为规律、旅游效应、社会支持等方面的研究成果总体较少。本篇通过总结养老旅游规律并提出养老目的地发展战略，对于丰富我国养老旅游研究成果体系具有积极意义。本篇主要包括五章，第一章着重研究国内外养老旅游理论进展，第二章着重研究老年居民的休闲行为特征，第三章总结提炼国内外养老目的地的典型案例，第四章着重提出我国养老旅游目的地的发展战略，第五章着重研究养老旅游目的地的评价指标体系。

第一章

养老旅游理论

第一节　养老旅游问题的提出

一、养老旅游发展沿革及现状

英国养老旅游在 18 世纪时就已存在，但养老旅游者集中在权贵阶层（Gilbert et al.，1939）。普通民众既无固定退休年龄，也无退休金用于养老旅游。19 世纪末资本主义国家向福利国家转型，国家支付退休金成为重要的社会政策，养老旅游的普及程度不断提高。退休是推动养老旅游的重要生命历程事件，因此休闲和旅游成为老年人生活的重要组成部分（Nimrod，2008；Gibson et al.，2002）。老年人有条件转变旅游与惯常生活的割裂对立状态，从容选择出游时间和地点，甚至以长居旅游的方式来丰富人生体验（Nimrod，2008），进而实现人生价值和梦想。1930 年欧美退休居民集中在海滨和邻近乡村地区居住（Warnes，2009；King et al.，2000；Allon‐Smith，1982），英国十大度假地退休人口比重均显著高于全国平均水平（Gilbert et al.，1939）。

近年来，养老旅游在人口结构转变的宏观背景下迎来了新的机遇：首先，老年人的福利保障体系更为完善，还拥有多元化的资产组合，有更丰富的经济资源来追求生活质量，也有更为积极的消费倾向（Faranda et al.，1999）；其次，老年人素质不断提高，思想观念持续转变，退休不再是消极的人生阶段，而是追求人生价值的新起点；再次，科学技术的发展，使得老年人能够整合多地区资源以提高自身福利，在异地仍能与社会关系网络保持紧密联系（Casado-Díaz et al.，2004），扩大了老年人生活方式选择集和战略空间（Oliver，2008），也为应对挑战提供了更多手段（Hillman，2013）；最后，家庭户平均规模不断下降、纯老年家庭比重上升，使得家庭结构逐渐从"垂直"向"水平"过渡，老年人有可能追求相对独立的生活策略。

养老旅游已成为发达国家老年人的重要生活方式。例如，美国养老旅游的出游率约为 10%（Hogan et al.，1998），冬季在佛罗里达过冬的老年人达 81.8 万人（Smith et al.，2006）。欧洲北方的老年人季节性迁往意大利托斯卡纳、西班牙太阳海岸、葡萄牙阿尔加维等养老旅游目的地（Casado-Díaz et al.，2004），仅在西班牙生活的英国老年人就达 7 万人（Warnes，2009）。日本老年人到马来西亚、泰国等国长期居住，既能改善生活环境，又能享受廉价老年服务（Ono，2008）。

二、养老旅游研究发展简述

养老旅游研究最早出现于 20 世纪 40 年代，老年学学者研究老年病人健康和死亡率，发现养老旅游是有压力的生命事件和健康威胁（Warnes et al.，2006）。批判老年学对这种唯科学主义和医学垄断视角提出了批判（Ray，2008），此后老年学研究开始强调定性研究、重视生命历程的建构、强调社会特征分析、强调增加历史哲学内涵、对老龄化和精神性的多样性展开研究、以研究促进老年人福利改善。20 世纪

70 年代，人文地理学、社会学、人口学开始关注具有季节性迁移特征的养老旅游现象，养老旅游成为多学科交叉的研究领域。他们研究养老旅游的时空分布、迁移动机、社会整合、影响效应。近年来，又拓展到跨区域身份认同、老年家庭心理建构、社区运作模式、多居所生活方式、旅游与迁移的时序转化、旅游者政治权利等内容（Bozic，2006）。

养老旅游处于观光旅游与长期性迁移间的过渡地带（Haug et al.，2007），进入旅游学研究视野较晚且存在争论。例如，豪格等（Haug et al.，2007）认为养老旅游是特殊的旅游现象，古斯塔夫森（Gustafson，2002）则认为养老旅游者有"反旅游"倾向。无论如何界定养老旅游，20 世纪 90 年代以来旅游学者对养老旅游的研究显著增加（Nimrod，2008；Haug et al.，2007；Fleischer et al.，2002；Gustafson，2002），但总量仍然不足，只能对养老旅游现象"片面地窥视"（Warnes et al.，2006），也尚未采纳前沿的社科研究方法（Sedgley et al.，2007）。塞奇利等（Sedgley et al.，2011）提出了老年旅游研究方法转型理论，认为老年旅游研究过度使用定量方法（Nimrod，2008），缺乏对旅游经历更深入的感知（Patterson，2006），老年旅游规律难以通过这种"快照式"的方法来总结。应该基于批判老年学和希望旅游的研究视角（Pritchard et al.，2011），采用人文主义视角和传记式研究方法，在深入分析个体生命历程框架的基础上，通过研究对象的参与式互动，研究得出能够切实保障老年人权利、改善老年人生活的成果。

第二节　养老旅游动机研究

一、生命历程理论视角下的养老旅游需求

莱文森（Levinson，1978）提出的生命历程研究框架，解释了人生

各阶段的行为规律,被广泛用于分析养老旅游动机和行为。老龄化包括生理、心理、社会、精神等多元内涵,老龄研究应当涉及老年人成长的社会文化框架。养老旅游需求并不仅由老年阶段决定,而是基于一生的兴趣爱好、生活方式、社会关系、制度环境等而形成的综合性需求(Nimrod,2008),成长过程中的重要社会变革和个人经历能够改变老年人的信念、态度和行为方式(Gardiner et al.,2013),进而影响养老旅游行为。因此养老旅游行为受生命历程影响,既极具个体多样性,又呈现显著的性别和代际特征(Gibson et al.,2002),各群体之间的旅游决策行为存在"代沟"(Gardiner et al.,2013)。

养老旅游反映了老年人对传统居家养老方式的拒绝(Oliver,2008),他们退休后通过扮演意象中的理想人生角色,既能与早年形成的兴趣和行为方式保持连续性(Atchley,1989),又能完成从工作到退休阶段的巨大转型(Oliver,2008)与过渡缓冲(White et al.,2004),还能实现自我发展方式的创新(Nimrod et al.,2007)。因此,多数国家的人口迁移率(包括季节性迁移)在退休时段会呈现峰值(Lee,1966;Rogers,1988)。养老旅游本质是老年人利用多个地区的时间、空间、环境、服务等资源来实现自身福利最大化,国外学者已经构建起了养老旅游动机的理论模型(De Jong et al.,1995;Walters,2002)。

二、养老旅游动机类型

养老旅游是重要的人生决策,其决策动机构成和作用机制较为复杂,且具有波动性和偶发性(Lohmann et al.,2001),可以根据吸引物特征将其细分为4类:

一是宜居环境,包括气候条件、自然环境、文化氛围、生活方式等因素,是引致养老旅游的首要动机(Casado - Díaz et al.,2004)。养老旅游能够提高生活质量、改善健康状况(Warnes et al.,2006),麦克休等（McHugh et al.，1991）发现来自美国寒冷北方的老年人更倾向于养老旅游，欧洲养老旅游者主要被地中海沿岸的优美风光吸引。中国大多数老年人认为北京市城区的自然环境、交通以及居住环境等都不适合养老生活（姜向群等，2012），而海南的热带性气候是吸引老年人的最主要因素（李芬，2012）。

二是社会关系，包括社交网络、社区联系和亲朋关系等因素。目的地成熟的社会关系网络是吸引和留住老年人的重要因素（Oldakowski et al.，1986），而与客源地的社会关系则能抑制养老旅游动机（Stoller et al.，2001）。日本养老旅游者首选亚洲国家，同时倾向于前往已有成熟日本人社区的地区（Ono，2008）。西班牙的瑞典老年人聚居区甚至形成了类似瑞典本土的文化氛围（Gustafson，2002）。社区联系能显著提升老年人在目的地的安全感和满意度，老年人际交往则有效弥补了远离亲朋造成的情感空白（Oliver，2008），志愿服务甚至成为部分日本养老旅游者的重要生活内容（Ono，2008）。

三是老年服务，指针对老年人提供的医疗、保健、文化、照护等服务，这对老年弱势群体至关重要。日本的老年服务昂贵且稀缺，老年人迁往国外获取廉价照护服务是缓解供需矛盾的重要途径（Ono，2008）。老年服务质量的省际差距制约着北京老年人外出养老（姜向群，2006）。老年人如果无法依赖亲戚朋友等社会关系，就只能转向市场或政府获取老年服务（Speare et al.，1991）。老年服务还呈现出多元化趋势（Howard，2008）。

四是经济动机，包括消费水平、生活成本、税率水平、投资收益等因素。富裕老年人倾向于离开高税率地区而迁往"避税天堂"以节约支出（Conway et al.，2003）。发达国家老年人到发展中国家养老，既有效降低了生活成本又提高了生活质量（Oliver，2008；Ono，2008；Sunil et al.，2007）。老年人在养老旅游目的地购买不动产是重要的投资手段，能够在享受宜居环境的同时促进资产增值和福利最大化（Casado -

Díaz et al.，2004）。

三、养老旅游制约因素

老年人拥有强烈的养老旅游动机，由于众多因素制约却仅有少数人能够最终成行。麦圭尔（McGuire，1984）划分了五类限制老年人休闲的因素，分别是缺乏外部资源、缺乏时间、缺乏自主决策条件、缺乏相关能力和伴侣、缺乏健康和安全感。这些因素也可用来分析养老旅游，其中年迈和健康恶化是制约养老旅游的主要因素（Zimmer et al.，1995；Strain et al.，2002；Gibson，2002），而女性受健康恶化影响的程度与男性相比较弱（Freysinger et al.，1995）。制度环境也会构成限制因素，欧洲跨国养老旅游与美国国内养老旅游相比面临更多的风险和不确定性（Warnes et al.，2006），我国户籍管理体制是限制养老旅游的重要障碍，而目的地稳定的法制和社会环境是养老旅游的前提。

老年人并不只是被动地受到制约因素的限制，也会主动地创造条件来实现养老旅游目标（Nimrod，2008），应以动态和反馈的视角看待养老旅游制约机制。弗罗因德等（Freund et al.，1998）提出了老年人克服养老旅游障碍的"选择、优化、补偿"SOC模型：老年人首先对于多重目标有所选择，通过充分优化和分配现有资源以便实现偏好目标，对于实现目标过程中缺少的条件和存在的障碍，可以通过寻找替代品和外部帮助来达到令人满意的结果。

第三节　养老旅游特性研究

一、养老旅游时空特征

多数发展中国家将60岁以上定为老年人口标准，而英美等发达国家则将该标准提高到 65 岁。养老旅游行为由生命历程而不是年龄决定（Nimrod，2008），各国均存在普遍的提前退休现象，实际退休年龄较为分散，部分老年人退休前就构建搜寻空间并开始养老旅游（Casado‑Díaz et al.，2004）。我国依据身份、性别、工龄、工种而实行不同的退休政策，大部分农村居民不受退休政策约束，相当多的养老旅游者年龄在 50 ~ 60 岁，沿用传统老年人口标准会遗漏最为活跃的研究对象。因此，养老旅游研究将老年人口界定标准提前到 55 岁（Smith et al.，2006）或 50 岁（Casado‑Díaz，2006；李芬，2012），也有学者认为称作"晚年旅游"或"退休旅游"更为恰当（Warnes et al.，2006）。

大多数观光旅游的连续停留时间低于一个月，而长期移民的居住时间普遍在一年以上。因此，学者们一般将连续停留一个月至一年作为界定养老旅游的时间标准（Hogan et al.，1998；Smith et al.，2006；李芬，2012）。养老旅游发生在每年的特定季节，老年人像"候鸟"一样随季节更替而旅行。例如，我国养老旅游者在海南的停留时间集中在10 月至来年 4 月（周刚，2009）。养老旅游者与在城郊养老并巡回居住的老年人不同，他们为获得生活环境和气候条件的显著改变，需要进行长距离旅行。因此，美国学者主要研究跨州养老旅游（Hogan，1998；Smith et al.，2006），而欧洲和日本学者则重点研究跨国养老旅游（Casado‑Díaz et al.，2004；Ono，2008）。

二、养老旅游者行为特征

养老旅游的独特性不仅体现在停留时间和移动距离上（Warnes，2009），还体现在养老旅游者行为规律上（Gustafson，2002）。豪格等（Haug et al.，2007）构建的"连续性模型"认为养老旅游处于观光旅游到长期性迁移的连续性过渡状态中点，与两者有密切联系且能相互转化（Warnes et al.，2006）。大部分老年人通过观光旅游构建起养老旅游的搜寻空间，进而确定目的地，而少数老年人在养老旅游后会留下来成为长期移民（Ono，2008）。

养老旅游与观光旅游的区别主要表现在以下四个方面（Gustafson，2002）：（1）养老旅游者在目的地居住时间更长，能够发现观光旅游者难以觉察的地方特质和文化内涵；（2）养老旅游者拥有固定住所，而不是生活在酒店或者短租住房内。他们频繁光顾更具原真性的居民活动场所，而与刻意营造的旅游景点保持距离；（3）养老旅游者会顺应日常生活规律，采用本地居民的生活方式，而回避非原真性的旅游习惯和作息安排；（4）观光旅游者对目的地文化表现出自我保护意识并避免融入其中，而养老旅游者则表现出对目的地环境的认同和适应。因此，养老旅游者普遍持有"反旅游"倾向，他们希望与观光旅游者割裂和区分，以体现自己独特的身份认同和社会地位。

养老旅游与长期性迁移的区别主要表现在以下三个方面（Gustafson，2002）：（1）长期性迁移是单方向的不频繁流动，而养老旅游则是动态和持续的过程，包括不间断的人员流动、社会互动和文化表达；（2）长期移民以弱势群体或劳动力为主，为了摆脱困境而迁移到发达地区，具有一定的负面形象。养老旅游者大多来自发达地区，拥有丰富的经济社会资源，在客源地和目的地都处于优势阶层，他们与传统老年人脆弱和依赖的形象不同，而具有积极、健康、充实的形象（Harvard School of Public Health，2004）；（3）长期性迁移一般基于教育、就业等生产性目的，要求移民与目的地社会紧密整合。养老旅游者则是为了提高生活质量，他们的年龄较高、语言技能有限、社会关系集中在客源地、难以完全获得目的地社会福利（Warnes，2009），限制了与社会的整合程度（Gustafson，2008；Huber et al.，2004）。养老旅游目的地一般比客源地落后，导致养老旅游者为保持身份地位优势而不愿完全整合（Gustafson，2002）。因此，多数养老旅游者既不愿意与目的地割离，又不愿意完全整合，而是希望保持相对独立的生活方式、生活空间和社会关系网络，并通过群体内部"浪漫凝视"形成共同的规范准则（Holloway et al.，2011）。

养老旅游者保持着季节性、多居所、巡回式的生活方式（Ono，2008），这提供了一种既依托于客源地、又归属于目的地的互补生活体验（Oliver，2008）。他们存在"反旅游"倾向又不愿与目的地完全整合，具有旅游者身份又过着本地居民生活，生活在旅游者和本地居民构成的边缘性空间内，缺乏明晰的存在感和统一的身份认同，处在矛盾状态中（Gustafson，2002）。养老旅游者内部也具有异质性，其组成结构、迁移动机、环境需求、生活方式、居住形态、社会关系等方面的多样性不断增加（Casado－Díaz et al.，2004）。例如，沃恩斯（Warnes，2006）将养老旅游分为乡村型和海滨型两种，意大利托斯卡纳的养老旅游者分散在农庄里，他们的语言能力、社会整合程度较高，而西班牙海滨的养老旅游者聚居在新开发的小区里，与当地社会整合程度较低。这种分类也可用来解释国内的巴马和三亚这两种截然不同的养老旅游目的地。

第四节　养老旅游效应研究

一、个体福利效应

养老旅游对老年人健康影响的研究基于两种假设：第一种认为积极和健康的老年人倾向于养老旅游，第二种则认为有慢性疾病的老年人才倾向于迁往气候环境更好的地区。实证检验结果倾向于支持第一种假设，拉帕拉等（La Parra et al.，2008）发现养老旅游者的健康状况好于客源地和目的地的普通老年人。如果养老旅游行为是基于主动和理性的动机，那么必将能够带来生活质量的改善（Warnes，2009；Haug et al.，2007），例如在墨西哥的美国老年人生活满意度高达87.1%（Sunil et al.，2007）。但是，也有学者认为在目的地研究养老旅游的方法存在逆向选择问题，因为不满意的老年人已提前结束行程（Warnes，2009）。

仅以健康来评价老年人福利的倾向近期有所改变，巴尔特斯等（Baltes et al.，1996）提出"成功老龄化"理论，认为传统评价标准因为老年人群体的异质性而存在诸多限制，如果采用"过程导向"的方法来研究老龄化，更为强调老年人行为和策略的功能性特征，强调老年人在得失之间的权衡与互补，就能避免施加普遍价值观和标准导致的问题。世界卫生组织提出了"积极老龄化"理论（WHO，2002a），对老年人不再从"需求视角"保障老年人的身体健康，而是从"权利视角"强调老年人的身心健康、相对独立、社会参与、人格尊严、社会关爱和自我实现等权利，已经成为世界卫生组织指导开展老龄工作的理论基础。养老旅游对老年人的影响并不局限于健康层面，而是对其生活习惯、价值观、社会网络等都有全局性影响（Gustafson，2002），应从"过程"和"权利"视角来研究养老旅游对于老年人个体福利的影响效应。

二、目的地经济效应

养老旅游在给目的地带来利益的同时又不会挤占就业机会，因此与劳动力等迁移相比阻力更小（Warnes et al.，2006），吸引老年人成为重要的区域经济发展战略（Stallmann et al.，1995）。养老旅游消费能够带来直接和间接经济效益（Longino et al.，1990），最终促进养老旅游目的地的经济增长。美国老年人在 1985～1990 年从客源地转移到目的地的消费规模超过 6000 亿美元，其中新英格兰地区是最大的输出地，而西南部气候较好的各州是最大的输入地（Crown et al.，1991）。养老旅游还能改善区域经济发展质量，推动目的地产业结构升级，促进消费结构、服务业态和老年服务品质提升（Bennett，1993），推动城市化进程和城市形态革新。但是，政府应发挥再分配和社会安全网功能，以补偿未直接从养老旅游中获得经济利益的本地居民（Warnes et al.，2006）。

观光旅游目的地的淡旺季波动明显，旅游接待设施有大量时间处于闲置状态。养老旅游者居住时间较长，并且一般伴随着固定资产投资，通过吸引他们迁入并形成巡回式的生活方式，能够形成较为稳定的需求群体，熨平旅游目的地的需求波动（Warnes，2009），甚至能够摆脱旅游目的地生命周期规律而实现可持续发展（Rodriguez，2001）。养老旅游还能够通过引致探亲访友游、吸引服务人员迁入等方式促进目的地的旅游业发展（Warnes et al.，2006）。

三、目的地社会效应

养老旅游的社会效应显得更为多元且存在争议。较为普遍的观点认为老年人迁入会增加医疗养老等公共服务负担，实证研究发现这种观点并无依据，养老旅游者拥有丰富的经济资源，其养老和医疗服务受全国社保网络覆盖，在有公共服务时也更愿意选择私人服务。另外，老年人所缴纳的税收足以弥补公共服务支出（Casado - Díaz，2006）。

老年人的需求结构与中青年相比有较大差异，他们更多地需要老年服务和养老设施，较少需要生产基础设施和教育资源，因此会反对政府进行基础设施和教育投资，进而损害目的地社区发展的可持续性。例如，美国凤凰城的老年人就为争取免除学区税而与周边居民爆发严重冲突（McHugh et al.，2002）。伯克曼等（Berkman et al.，2004）认为上述负面效应由老年人的自利性行为导致，根源在于养老旅游者的社区忠诚度和情感联系不足。通过培养老年人的社区认同感，鼓励将养老旅游目的地看作"长期居所"，能够缓解甚至避免负面效应。相反，如果老年人的社会整合度不足，就可能在空间和社会关系网络上形成孤立群体，进而影响良性社会效应和自身福利。

养老旅游者不是社会资源的消极占用者，他们能为社会发展做出积极贡献。老年人具有从事社区公益活动的强烈愿望，他们又有丰富的人生阅历以及来自发达地区的先进理念，通过有效的组织和引导，让老年人充分参与到志愿活动和地方事务决策中去，能够有效促进社会进步（Harvard School of Public Health，2004）。例如，三亚通过成立"老教授协会"成功调动老年智力资源为地方发展服务。养老旅游者还能成为联系客源地与目的地的桥梁，有利于加强两地间的经济、社会和文化等交流和整合（Casado - Díaz et al.，2004）。

第五节　我国养老旅游现状及研究展望

一、我国养老旅游发展现状

如图 1 - 1 所示，据联合国《世界人口展望 2019》预测，2050 年中国 65 岁以上老年人将达到 3.66 亿人，占总人口的 26.1%（United Nations，2019）。人口老龄化将是今后较长一段时期我国的基本国情。

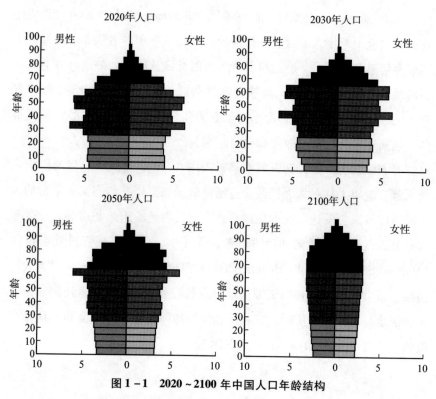

图 1 - 1 2020 ~ 2100 年中国人口年龄结构

资料来源：United Nations. World Population Prospects 2019 [R]. New York：United Nations. 2019.

我国老年人受传统观念和经济条件影响而倾向于本地养老，少量迁移行为也是基于拆迁、投亲靠友等被动性因素，以养老旅游的方式主动提高生活质量的行为很少。据调查，我国城镇老年人休闲时间充裕但休闲质量整体偏低（中国旅游研究院，2012），大城市老年人普遍认为市区环境不适合养老生活（姜向群等，2012），北京老年人愿意异地养老的比重高达 21.3%（陈谊等，2006）。

近年来，新中国成立后第一次生育高峰出生的"50 后"和"60后"老年人陆续退休并占据老年人主体，他们具有丰富的经济资源和先进的思想观念，改善生活环境的需求强烈，养老旅游开始成为老年人提高生活质量、完善生命历程的新方式。香港贸易发展局 2019 年在调研北京、上海、广州、成都、武汉和沈阳等六大城市的中高收入老年人群后发现，中国新一代老年人具有了全新的消费观念和需求特征：旅游成为退休生活重要内容。受访老年人平均每年进行 8 次国内旅游、1 次出境旅游，每次旅行花费在数千元以上；老年人消费能力提升，有 75% 的受访者表示近年来养老金有所增加，有 54% 的受访者表示近年来房产升值了；老年人消费档次提升，有 84% 的受访者表示希望使用更好的产品和服务，有 71% 的受访者希望使用专为老年人设计的产品，消费标准从追求性价比转向追求品质和服务；老年人在线活动增加。受访者每周与亲戚朋友在线交流 3.81 次，远高于每周进行的 1.83 次面对面交流，在线购物、社交、学习和娱乐已逐步成为老年人的重要生活内容；更为独立的养老理念。更多的受访者开始接受社区、机构等养老方式，减少对子女照顾的依赖，更多依靠自身和社会力量来解决养老问题（香港贸易发展局，2019）。

中国老人去海南三亚、广西巴马过冬的人数逐年增加，他们大多来自冬季严寒的北方，在 10 月左右像"候鸟"一样迁往南方，到了来年 4 月又迁回北方，具有明显的季节性和巡回式特征。

养老旅游在改善老年人福利的同时，也对三亚、巴马等地的经济发展和社会变革产生了重要影响，成为区域经济发展的重要战略。据中国旅游研究院统计，参考发达国家经验，如果 2030 年我国养老旅游出游率达到 5%，养老旅游市场规模将突破千亿元。我国还能开发日本、韩国、俄罗斯等国的养老旅游市场，市场增长前景将更为广阔。三亚、西双版纳、巴马等地区是我国首批发展起来的养老旅游目的地，随着接待能力逐渐达到饱和，老年人将扩散到新兴的养老旅游目的地，最终形成全国性养老旅游目的地体系。

二、我国养老旅游研究现状

我国养老旅游研究近十年来才陆续出现，并呈现多学科交叉的特征。人口学者研究了"异地养老"的意愿动机、人口学特征和制约因素（姜向群等，2012；李芬，2012；穆光宗，2010），人文地理学者研究了"老年季节性迁移"的空间规律、行为动机及理论模型（柴彦威等，2006），旅游学者则研究了养老旅游目的地类型，以及养老服务与旅游融合发展的路径及意义（李松柏，2012）。以下将从动机、特性、效应三方面对我国研究现状进行简要述评。

（1）养老旅游动机。着重研究了客源地老年人的"异地养老"意愿（姜向群等，2012），而不是目的地养老旅游者动机。客源地老年人中大部分因制约因素并未成行，因此难以细分养老旅游动机并探索时空规律。对养老旅游动机的细分研究以宜居环境为主（李芬，2012；周刚，2009；李松柏，2012），研究社会关系、老年服务、经济因素等动机的成果较少，也缺乏基于生命历程理论的研究视角。

（2）养老旅游特性。主要研究了养老旅游的时空流向特征（李芬，2012；周刚，2009），对于养老旅游者季节性、多居所、巡回式的独特生活方式，多地区的时间、空间、气候、服务等资源综合利用策略，以及介于观光旅游者和本地居民之间的消费偏好、身份认同、社会整合等行为规律的研究成果较少。

（3）养老旅游效应。在个体福利效应方面，集中于养老旅游对老年人身心健康状况的探讨（陈谊等，2006；苗瑞凤，2012），缺乏对于老年人生活满意度，以及基于"过程"和"权利"视角的综合福利状况分析；在经济效应方面，探讨了对目的地旅游业（李松柏，2012）、老年服务产业（穆光宗，2010）发展的影响，对于经济效应和乘数传导机制、产业结构升级、服务业态和品质提升、可持续发展等方面的研究较少；在社会效应方面，缺乏对于养老旅游的公共服务挤出、社会整合、自利性行为、社区发展、区域联系等方面的深入研究。

三、我国养老旅游研究建议

我国养老旅游研究成果总量较少，在很多重要研究领域还有欠缺，理论进展已经落后于产业实践。在养老旅游快速增长时期，可以借鉴发达国家的养老旅游研究范式，逐步完善养老旅游理论和实证研究体系。其中，针对我国国情和养老旅游特性，应加强以下三方面的理论和政策研究。

（1）户籍制度是我国养老旅游的重要障碍，退休老年人实行属地社区管理，老年人在目的地难以享受到各种优待和福利，降低了生活满意度和安全感。全国医疗和社会保险尚未完全统筹，既给老年人生活增添了负担，又可能对目的地公共服务产生挤出效应。近年来，全国积极完善跨省异地就医直接结算制度体系和经办管理服务体系，推动实现医保报销线上线下跨省通办。从国际层面来看，我国针对外国老年人没有特殊的签证安排和营销计划，入境养老旅游发展滞后于马来西亚、泰国等国家。

（2）我国处于快速的老龄化和城市化进程中，养老旅游不仅能够推动目的地经济发展，还能够促进目的地社会进步，缓解客源地的人口扩张和城市拥堵压力，有利于区域协调发展，改善老年人福利状况。但是，地方政府主要关注养老旅游的经济效应，对于其他效应缺乏统筹规划和公共服务配套，制约了养老旅游良性效应的进一步发挥。

（3）我国养老旅游目的地体系近年来发展迅速，但是建设过程中强调量的扩张而忽视质的提升，项目的可进入性和安全性达不到要求，老年人对异地养老心存顾虑。老年友好型社区的发展相对滞后,很多社区只有餐饮住宿功能,忽视了老年人医疗、照护、社交、文化等多元化需求,忽视了养老旅游者与本地居民的融合,严重影响了老年人的异地生活体验。

第二章

老年居民休闲行为特征

第一节　老年休闲问题的提出和研究意义

2022 年我国 65 岁以上人口有 2.10 亿人，占总人口的比重为 14.9%（国家统计局，2023）。据联合国《世界人口展望 2019》预测，2050 年中国 65 岁以上老年人将达到 3.66 亿人，占总人口的 26.1%（United Nations，2019）。人口老龄化将是我国未来较长时期内的基本国情，提升老年休闲质量也就成为积极应对人口老龄化、全面建成小康社会的重要内容。

长期以来，我国城镇老年人即使在退休后也需要承担照顾小孩、配偶等家务劳动，休闲时间较少。农村老年人缺乏完善的社会保障，需要为生计而辛勤劳作，难有空闲时间进行休闲。受经济条件、传统观念等因素制约，城乡老年人的休闲活动以看电视、闲聊、闭目养神等居家休闲为主，进行旅游、餐饮购物、文化娱乐、体育健身等户外休闲的相对较少。与发达国家相比，我国老年人的休闲水平和质量相对较低。

随着"60后"老年人陆续退休并逐步占据老年人主体，他们与前几代老年人相比出现了新的特征，也对休闲质量提出了更高的要求。从思想观念来看，老年人的健康状况持续改善，教育程度不断提高，有较丰富的旅行经验和宽阔的视野，转变了老年人的生活方式，他们拥有更为年轻的心态，退休不再是"无价值"的消极人生阶段，而被看作自由追求人生目标的新起点；从社会保障来看，老年人的养老保障体系逐渐完善，收入水平不断提高，很多老年人还拥有多元化资产组合，使得他们有丰富的经济资源来进行旅游、餐饮、娱乐、养生、购物等商业性休闲活动；从家庭环境来看，我国家庭户平均规模从1982年的4.43人（国家统计局，1985）下降到2021年的2.77人（国家统计局，2022）。2022年末上海市"纯老家庭"老年人数171.93万人、独居老年人数30.06万人，分别占全市户籍老年人口数的31.1%和5.4%（上海市老龄工作委员会办公室等，2023），家庭结构逐渐从"垂直"向"水平"化过渡，使得老年人能够自由追求所期望的生活方式；从休闲空间来看，现代交通通信技术大幅度拓展了老年人活动范围，很多老年人开始接受"候鸟式"迁移、异地养老、长居旅游等新型休闲方式，丰富了老年生活内容。老龄社会的发展升级，预示着我国老年人的休闲权利意识开始觉醒，他们有更多的时间和资源可用于追求所喜爱的休闲活动，我国老年人休闲质量将迎来快速提升期。

但是，我国面临"未富先老"的特殊国情，尚未完全建成应对人口老龄化的社会治理创新体制，老年人的休闲意愿由于经济支持、制度保障、环境营造等障碍而未能完全转化为现实活动，休闲对于积极老龄化战略的重要功能也没有完全释放。特别是很多老年人居住在养老公共服务基础薄弱的农村地区，为完善老年休闲服务体系带来新的挑战。从学术研究来看，我国针对老年人休闲行为缺乏大规模的调查研究，老年人的休闲研究基础相对薄弱。在此宏观背景下，通过大规模的问卷调查，深入研究我国特殊时代背景下的老年人休闲现状、问题和对策，提出我国老年休闲发展的战略体系，具有重要的理论价值和现实意义。

第二节　城乡老年休闲实证研究

本书将研究城乡老年居民的休闲行为特征、制约因素和战略支撑，进而为养老旅游目的地建设老年友好环境、完善老年服务体系提供实证依据。

一、老年休闲研究方案

依托中国旅游研究院的"全国城乡老年休闲状况调查数据库"，对北京、上海、广州、南京、杭州、长沙、武汉、成都、西安、沈阳等10个城市的60岁以上老年居民随机进行计算机辅助电话调查，涵盖了城乡不同人口特征的老年人，具有较强的代表性和典型性。本调查采用随机抽样调查的方法对这10个城市的城乡老年人进行电话访问，根据等样本量抽样的原则，各城市的受访者区域分布情况大致为：北京62人、上海68人、广州51人、南京67人、杭州69人、长沙53人、武汉65人、成都64人、西安72人、沈阳63人。

电话调查包含了老年人的休闲时间分配、休闲活动类型、休闲空间半径等问题。在获得电话调查数据后，运用SPSS和EViews等统计计量软件对电话调查数据进行深入分析，总结我国老年人休闲生活特征和规律。

二、老年休闲行为特征

(一) 老年居民休闲时间特征

由于老年城镇和农村居民的休闲时间特征存在显著差异，我们对其进行分类研究。在调查过程中，我们将居民一天 24 小时的时间总体分成三部分，除了工作时间、生理需求和家务劳动时间以外的所有时间都计为休闲时间。

多数城镇老年人要承担繁重的家务劳动，有的老年人还以返聘、兼职、自营等方式进行生产劳动，因此在工作日的休闲时间并不宽裕，有 13.9% 的城镇老年人休闲时间在 2 小时以下。与工作日相比，城镇老年人在周末和节假日的休闲时间有所增加，休闲时间在 7 小时以上的比重由工作日的 40.5% 分别上升至周末的 45.9% 和节假日的 51.6%，见表 2 - 1。

表 2 - 1 　　　　　　　　　　**城镇老年人的休闲时间特征**

城镇老年休闲时间	工作日		周末		节假日	
	频数	百分比(%)	频数	百分比(%)	频数	百分比(%)
2 小时以下	70	13.9	57	11.5	46	9.8
2~4 小时	140	27.8	113	22.7	97	20.6
5~7 小时	90	17.9	99	19.9	85	18.0
7 小时以上	204	40.5	228	45.9	243	51.6
总计	504	100	497	100	471	100

资料来源：中国旅游研究院"全国城乡老年休闲状况调查数据库"。

农村老年人在农闲时的休闲时间较农忙时有所增加，但增长幅度并不显著，休闲时间在 7 小时以上的比重由农忙时的 23.9% 仅上升至农闲时的 33.3%，见表 2 - 2。这是因为农村老年人即使在农闲时节也不能完全从繁重的农业生产和家务劳动中摆脱出来，所以休闲时间比农闲时节增长幅度不大。与城镇老年人相比，农村老年人全年休闲时间总量更少，他们在农闲时节的休闲时间甚至少于城镇老年人在工作日的休闲时间。

表 2 - 2 　　　　　　　农村老年居民休闲时间特征

农村老年休闲时间	农忙时节		农闲时节	
	频数	百分比（%）	频数	百分比（%）
2 小时以下	17	37.0	11	26.2
2~4 小时	12	26.1	12	28.6
5~7 小时	6	13.0	5	11.9
7 小时以上	11	23.9	14	33.3
总计	46	100	42	100

资料来源：中国旅游研究院"全国城乡老年休闲状况调查数据库"。

（二）老年居民休闲内容特征

本书对城乡老年居民在休闲时间从事的最主要休闲活动进行了调查，并根据调查的结果将城乡老年居民的休闲活动分为旅游、餐饮购物、文化娱乐、体育健身和家庭休闲共五大类。其中，旅游是指居民到异地进行观光游览活动；餐饮购物是指居民到餐馆、酒吧、商场、茶馆、歌厅等场所进行消费型休闲活动；文化娱乐是指居民到博物馆、歌剧院、美术馆、公园等场所进行文化型休闲活动；体育健身是指居民进行散步、球类、健身、武术等体育锻炼活动；家庭休闲则指居民在家庭范围内进行看电视、打牌、上网、阅读等休闲活动。由于休闲偏好、休闲时间、休闲设施等方面的不同，城乡老年居民在休闲内容特征上存在显著差异。

　　城镇老年人的休闲活动内容主要受休闲时间长短和工作状态的影响，从工作日、周末到节假日，选择旅游和餐饮购物的城镇老年人显著增加，如表2-3所示，特别是选择旅游的城镇老年人从工作日的1.0%增长到节假日的15.3%。选择看电影、看文体表演、访问博物馆等文化娱乐活动的城镇老年人比重在工作日、周末和节假日则变化不大，维持在9%~12%。与旅游和餐饮购物相反，选择体育健身、家庭休闲活动的城镇老年人比重从工作日到节假日则呈现出明显的下降趋势，说明体育健身和家庭休闲表现为"常规"的休闲活动，在休闲时间更为充裕的情况下就被其他"非常规"休闲活动所代替。无论在工作日、周末还是在节假日，城镇老年人的休闲活动都以家庭休闲为主，占据45%~53%的比重。

表2-3　　　　　　　　　城镇老年居民休闲内容特征

城镇老年休闲内容	工作日		周末		节假日	
	频数	百分比（%）	频数	百分比（%）	频数	百分比（%）
旅游	6	1.0	15	2.6	88	15.3
餐饮购物	18	3.1	47	8.1	50	8.7
文化娱乐	55	9.5	66	11.5	53	9.2
体育健身	195	33.8	165	28.7	124	21.5
家庭休闲	303	52.5	284	49.2	262	45.4
总计	577	100	577	100	577	100

　　资料来源：中国旅游研究院"全国城乡老年休闲状况调查数据库"。

　　与城镇老年人相比，农村老年人的休闲内容更为单一。如表2-4

所示，无论是在农忙还是在农闲时，80.7%的农村老年人都选择家庭休闲，仅有少数人选择餐饮购物和体育健身，而选择旅游和文化娱乐的老年人在本次调查中为零。这是因为农村老年人长期从事农业生产劳动，对体育健身的需求不如城镇老年人迫切，而旅游、餐饮购物、文化娱乐等休闲活动的开展需要消费能力、休闲设施、思想观念等软硬件条件作支撑，农村老年人在这些方面处于弱势地位。

表2-4　　　　　　　　农村老年居民休闲内容特征

农村老年休闲内容	农忙时节		农闲时节	
	频数	百分比（%）	频数	百分比（%）
旅游	0	0	0	0
餐饮购物	1	1.8	2	3.5
文化娱乐	0	0	0	0
体育健身	9	15.8	9	15.8
家庭休闲	47	82.4	46	80.7
总计	57	100	57	100

资料来源：中国旅游研究院"全国城乡老年休闲状况调查数据库"。

（三）老年居民休闲半径特征

如表2-5所示，城镇老年人的休闲半径总体较短，大部分集中在2千米以内，40%以上的城镇老年人无论工作日、周末还是节假日，都将休闲活动局限在家庭范围内。随着休闲时间的增加，城镇老年人休闲半径超过10千米的比重从工作日的3.1%上升至节假日的18.3%，这主要是因为城镇老年人在周末和节假日有更多的时间和条件进行远距离旅游。

表 2 - 5 城镇老年居民休闲半径特征

城镇老年休闲半径	工作日		周末		节假日	
	频数	百分比（%）	频数	百分比（%）	频数	百分比（%）
就在家里	274	49.2	245	45.4	219	41.6
小于 2 千米	205	36.8	196	36.3	147	27.9
2 ~ 3 千米	32	5.7	35	6.5	26	4.9
4 ~ 5 千米	20	3.6	20	3.7	23	4.4
6 ~ 7 千米	3	0.5	3	0.6	4	0.8
8 ~ 10 千米	6	1.1	6	1.1	11	2.1
大于 10 千米	17	3.1	35	6.5	96	18.3
总计	557	100	540	100	526	100

资料来源：中国旅游研究院"全国城乡老年休闲状况调查数据库"。

如表 2 - 6 所示，农村老年人选择家庭休闲的比重更高，休闲半径也相应比城镇老年人更短。无论在农忙还是农闲时节，休闲半径小于 2 千米的农村老年人均占到 90% 以上。城乡老年人的差距在休闲半径大于 10 千米的远距离休闲活动上表现得更为明显，在本次调查中没有发现休闲半径大于 10 千米的农村老年人。

表 2 - 6 农村老年居民休闲半径特征

农村老年休闲半径	农忙时节		农闲时节	
	频数	百分比（%）	频数	百分比（%）
就在家里	42	76.4	39	72.2
小于 2 千米	9	16.4	11	20.4
2 ~ 3 千米	3	5.5	1	1.9
4 ~ 5 千米	1	1.8	1	1.9
6 ~ 7 千米	0	0	0	0

续表

农村老年 休闲半径	农忙时节		农闲时节	
	频数	百分比（%）	频数	百分比（%）
8～10千米	0	0	2	3.7
大于10千米	0	0	0	0
总计	55	100	54	100

资料来源：中国旅游研究院"全国城乡老年休闲状况调查数据库"。

三、老年休闲时空决定模型

（一）变量描述统计

老年居民的生活方式和休闲状况受到居住地、性别、年龄、从事行业、工作状态、婚姻状况、受教育程度、收入等多种因素影响，为了检验上述因素对于城乡老年居民休闲时间、休闲空间的影响作用机制，本课题将依托电话调查数据库，构建以下多元回归模型以进行分析：

$$Y = \beta_0 + \beta_1 Type + \beta_2 Age + \beta_3 Sex + \beta_4 Primary + \beta_5 Unemploy + \beta_6 Retired$$
$$+ \beta_7 Education + \beta_8 Nospouse + \beta_9 \log Income + u$$

其中，Y是因变量，分别为老年人在工作日的工作时间、工作日的休闲时间、周末的休闲时间、工作日的休闲半径、周末的休闲半径。城镇老年人的工作和休闲时间随工作日、周末和节假日波动，农村老年人的工作和休闲时间随农忙、农闲时节波动。为了在统一模型中同时研究城镇和农村老年人，本书将城镇老年人工作日和农村老年人农忙时节的休闲时空数据放入同一因变量，将城镇老年人周末和农村老年人农闲时节的休闲时空数据放入同一因变量，分别代表农忙时节的一个典型工作日，以及农闲时节的一个典型周末。

在自变量中，$Type$表示老年人属于城镇还是农村居民，Age表示老年人的实际年龄，*Sex* 表示老年人的性别，*Primary* 表示是否从事第一产业劳动，*Unemploy* 表示是否处于失业或半失业状态，*Retired* 表示是否已退休，*Education* 表示老年人接受教育的年限，*Nospouse* 表示老年人是否有配偶，log*Income* 则是老年人年收入的对数。表 2 - 7 为老年居民休闲时空决定模型变量描述统计。

表 2 - 7　　　　　老年居民休闲时空决定模型变量描述统计

变量名	变量名	变量类型	样本数	最小值	最大值	均值	标准差
工作日工作时间	—	连续变量	619	0	13	1. 35	3. 446
工作日休闲时间	—	连续变量	550	1	10	5. 94	3. 566
周末休闲时间	—	连续变量	539	1	10	6. 47	3. 497
工作日休闲半径	—	连续变量	612	0	20	1. 32	3. 433
周末休闲半径	—	连续变量	594	0	20	1. 99	4. 732
居民类型	*Type*	虚拟变量，1 = 农村居民	634	0	1	0. 09	0. 286
年龄	*Age*	连续变量	634	60	96	68. 71	7. 618
性别	*Sex*	虚拟变量，1 = 女性	634	0	1	0. 47	0. 500
第一产业	*Primary*	虚拟变量，1 = 第一产业	634	0	1	0. 09	0. 291
失业	*Unemploy*	虚拟变量，1 = 失业	634	0	1	0. 02	0. 147
退休	*Retired*	虚拟变量，1 = 退休	634	0	1	0. 79	0. 409
教育程度	*Education*	连续变量	626	6	19	10. 69	3. 640
无配偶	*Nospouse*	虚拟变量，1 = 无配偶	614	0	1	0. 13	0. 340
收入	*Income*	连续变量	504	2500	240000	38001. 98	46589. 777

资料来源：中国旅游研究院"全国城乡老年休闲状况调查数据库"。

（二）多元回归分析结果

基于上述对于自变量和因变量的分析，为了考虑各自变量对于老年人工作时间、休闲时间和休闲半径的决定因素，我们采用上述多元回归模型进行分析，其结果如表 2 - 8 所示。

表 2 - 8　　　　老年居民休闲决定模型多元线性回归结果

因变量	工作日工作时间	工作日休闲时间	周末休闲时间	工作日休闲半径	周末休闲半径
常数项	10. 2809 ***	0. 8113	6. 0217 **	0. 2846	1. 5080
居民类型	8. 2018 ***	- 5. 0885	- 4. 2796	0. 5356	- 1. 3746
年龄	- 0. 0275 **	0. 0490 **	0. 0258	- 0. 0264	- 0. 0561 *
性别	- 0. 1573	- 0. 9584 ***	- 1. 0613 ***	- 0. 8460 ***	- 0. 2092
第一产业	- 6. 9175 ***	5. 3789	2. 3425	- 0. 5748	- 0. 5144
失业	- 7. 0149 ***	4. 8836 ***	1. 7157	- 0. 1642	- 2. 4562
退休	- 6. 4445 ***	2. 3186 ***	- 0. 6334	0. 9258 *	- 0. 9895
教育程度	- 0. 0613 **	- 0. 0389	- 0. 0227	- 0. 0076	0. 0778
无配偶	0. 5554 **	0. 6134	0. 6241	- 0. 3346	- 0. 4627
收入的对数	- 0. 1088	0. 0533	- 0. 0177	0. 2628	0. 4715 *
调整后的 R^2	0. 6449	0. 0923	0. 0372	0. 0258	0. 0502
模型显著性	0. 0000	0. 0000	0. 0025	0. 0110	0. 0044
样本数	491	447	441	482	471

注：*** 指在 99% 的水平下显著，** 指在 95% 的水平下显著，* 指在 90% 的水平下显著。

工作日工作时间模型显示，由于大部分农村老年人仍然参与农业生产劳动，而大部分城镇老年人已经退休，在工作日农村老年人的工作时间比城镇老年人长 8. 2018 小时。在其他条件不变的情况下，老年人随年龄增加工作时间逐步缩短，第一产业劳动者、失业者、退休人员与非农产业劳动者相比工作时间短 6～7 个小时。随着受教育程度的提高，老年人的工作时间微弱减少，而没有配偶的老年人则比有配偶的老年人每天多工作 0.554 小时。

工作日休闲时间模型显示，农村老年人在农忙时节的休闲时间少于工作日的城镇老年人。在其他条件不变的情况下，随着年龄的增加，老年人的休闲时间有微弱增加的趋势。女性老年人由于要承担更多的家务劳动，在工作日比男性少近 0.9584 小时的休闲时间。失业者、退休人员与非农产业劳动者相比每天休闲时间分别多 4.8836 和 2.3186 小时。教育程度、配偶状况对老年人工作日休闲时间影响作用不显著。

周末休闲时间模型显示，农村老年人在农闲时节的休闲时间少于周末的城镇老年人。在其他条件不变的情况下，老年人周末休闲时间随年龄变化不显著。但是，与工作日休闲时间类似，女性老年人在周末的休闲时间仍比男性少 1.0613 小时。失业或退休状态对于老年人周末休闲时间的影响则并不显著。

工作日休闲半径模型显示，在其他条件不变的情况下，由于老年女性要承担更多的家务劳动，因此工作日休闲半径与男性相比要小 0.85 千米。退休者在工作日有更多的休闲时间，休闲半径也相应地比非农产业劳动者大 0.9258 千米。教育程度、配偶状况等因素则对工作日的休闲半径影响不显著。

周末休闲半径模型显示，随着年龄增加，老年人的休闲半径呈现出微弱下降的趋势。这主要是因为老年人在周末或者农闲时节有更多的时间和条件进行旅游等长距离的休闲活动，而老年人的出游率随年龄增加而衰减。另外，老年人在周末的休闲半径随年收入水平的提高而扩大，这也与相对富裕的老年人有条件在更大的空间范围内开展休闲活动有关。性别、工作状况、配偶状况等因素对老年人周末休闲半径的影响不显著。

第三节 老年休闲的功能及制约因素

一、老年居民休闲的功能

1999 年世界卫生组织提出了"积极老龄化"理论以取代传统的"健康老龄化"理念（WHO，2002a）。"积极老龄化"就是为老年人创造最优的健康、社会参与和安全的机会以提高其生活质量的过程。"积极老龄化"理论对老年人不再仅从传统的"需求视角"保障身体健康需求，而是从"权利视角"保障老年人参加经济、社会和文化等活动的功能，最终保障老年人的身心健康、相对独立、社会参与、人格尊严、社会关爱和自我实现等权利。"积极老龄化"理论已经成为世界卫生组织指导开展老龄工作的理论基础，并逐渐得到了各国的响应和推广。作为"积极老龄化"理论的配套支撑，世界卫生组织详细构建了成功实现"积极老龄化"所必需的公共服务、个人行为、生理因素、物理环境、社会环境、经济因素等要素体系，其主要内容如表 2-9 所示。

表 2-9　　　　　　　"积极老龄化"的六大决定因素

公共服务	个人行为	生理因素	物理环境	社会环境	经济因素
保健服务	吸烟	生物学因素	地理环境	社会帮扶	收入水平
疾病防控	体育锻炼	基因条件	住宅安全	犯罪	社会保险
医疗服务	饮食健康	心理因素	跌倒预防	虐待	工作机会
长期护理	口腔卫生		空气质量	受教育程度	
精神健康	饮酒		饮用水安全		

公共服务	个人行为	生理因素	物理环境	社会环境	经济因素
	药物摄入		食品安全		
	医原病				
	遵医嘱程度				

资料来源：WHO. Active Ageing：A Policy Framework［M］. Geneva：World Health Organization，2002a.

根据上述决定因素分析可以发现，通过将"积极老龄化"的理念贯穿于休闲产业的规划、设计和运营各环节之中，积极促进我国老年休闲事业的发展，能够有效推动"积极老龄化"目标的早日实现，大幅度提升老年人的生活质量。

首先，休闲能够改善老年人的生理健康。老年流行病结构的转变赋予了老年休闲更重要的功能。根据世界卫生组织的研究，1990～2020年，发展中国家非传染疾病和神经精神疾病占所有疾病的比重从36%上升到57%，而传染疾病、遗传疾病、产期疾病、外伤和营养不良所占比重从64%下降到43%（WHO，2002b）。非传染疾病和神经精神疾病已成为老年人健康的主要威胁，老年人疾病防治的重点将转移到保持生理和心理健康上。旅游、体育健身、文化娱乐等休闲活动也是积极健康的身体活动，能够提升老年人的运动机能，降低意外跌倒受伤的概率，有助于防治心血管疾病、骨质疏松症、老年痴呆和糖尿病等常见老年病。

其次，休闲能够改善老年人的精神状态。丰富多彩的休闲活动能有效增加老年人的社会交往，减轻独居老年人的孤独感，有助于治疗抑郁症和焦虑症等精神疾病。休闲活动还能够削弱老年人的依赖心理，培养老年人的独立精神，增强老年人的自信心，改善老年人的精神状态。休闲过程中老年人必将通过多种渠道学习新知识、接触新观念，有利于增加老年人的知识积累，实现向积极生活方式的转变。

最后，休闲能够改善老年人的生活质量。休闲本身属于娱乐消遣的享受性活动，老年人通过休闲能够欣赏美景、品味美食、购买特产、享受娱乐，将显著提升老年人的晚年生活质量。休闲活动让老年人能够追求退休前无暇顾及的人生目标，有利于老年人丰富经历，完善人生历程。

因此，休闲能够改善老年人的生理和心理健康状态，推动老年人进入"休闲→健康→休闲"的良性循环，有助于全面保障老年人参加经济、社会和文化活动的权利，对于积极老龄化目标的实现和老年人生活质量的改善具有重要意义。

二、老年居民休闲的制约因素

与发达国家相比，我国的老年休闲产业还处于发展的初级阶段。由于应对老龄社会的基础设施和公共服务体系尚不健全，导致我国老年人的休闲时间少、休闲内容单调、休闲半径短、休闲总体水平低。制约我国老年休闲发展的诸多因素可以归结为可获得性、可进入性、安全性和可承担性四个方面。

（一）老年休闲的可获得性

可获得性既指老年人有充足的休闲时间以享受休闲活动，又指老年休闲产品和设施在合理的时间和空间内存在，主要表现在休闲时间、休闲信息、休闲设施和休闲产品四个方面。首先，很多老年人仍处于多种形式的就业状态，在家要从事家务劳动，难以挤出时间用于休闲，特别是农村老年人由于缺乏完善的养老保障，很多还需要为生计而奔波劳作；其次，老年人因为感官功能衰退和文化水平制约等原因，获取各种休闲资讯的能力较弱，在互联网时代更是面临被信息边缘化的威胁；再次，大多数老年人会随年龄增加逐渐丧失自驾车的能力，远距离的休闲活动将更为依赖公共交通和社会支持，在我国交通服务体系尚不完备的背景下面临诸多限制；最后，我国休闲产业长期以来将中青年市场作为重点，并未意识到老年人市场的重要性，针对老年人特征和需求开发的专项休闲设施和产品较少，老年人休闲的选择范围有限。

（二）老年休闲的可进入性

可进入性指休闲设施和相关服务是否能够根据老年人特点设计以提供全程无障碍的休闲体验，主要表现在外部交通、休闲目的地和休闲服务等方面。我国许多公共交通车辆台阶过高、过道狭窄，没有给轮椅预留空间，制约了老年人的出行。老年人外出住宿条件不完善，缺乏专为老年人设计的电梯、床铺、马桶和洗浴装置等设施。大部分休闲目的地并未建成无障碍线路和配套服务设施，老年人游览存在困难。多数休闲服务人员缺乏照护老年人的专业知识，少数甚至歧视或粗暴对待老年人，严重降低了老年人的休闲质量。

（三）老年休闲的安全性

安全性指休闲过程中是否有恰当的措施保障老年人免于遭受犯罪活动的威胁和其他身心伤害。老年人在外出过程中很容易成为盗窃、抢劫等犯罪活动的受害者，自身对犯罪行为也有强烈的畏惧心理，特别是很多旅游景点和休闲设施位于偏远地区，老年人受到犯罪活动威胁的可能性更大，因此导致了很多老年人由于治安原因而取消外出休闲活动。老年人在外出休闲过程中容易发生跌倒等意外伤害，容易受到突发事件的惊吓，容易出现突发疾病等情况。这些意外事件都可能对老年人的身心造成严重伤害，需要有专业的人员和设施来保障老年人的身心健康，我国休闲安全保障措施发展滞后导致老年人对户外休闲心存疑虑。

（四）老年休闲的可承担性

可承担性指休闲产品和服务的价格是否在老年人的经济承受能力之内。我国尚有相当数量的老年人缺乏社会保障而依靠家庭供养或社会救济，经济资源的约束限制了他们享受休闲产品和服务的能力。政府对于农村地区老年休闲设施的投入不足，很多旅游景区、文化娱乐、体育健身设施没有落实国家对于老年人的优惠政策，旅游交通设施缺乏对于老年人的合理补贴，有的旅行社、酒店和休闲企业甚至对老年人征收歧视性的高额费用，这些因素都增加了老年人的休闲成本，进而压抑了老年人的休闲需求。

第四节　老年休闲发展的战略支撑

为了积极应对人口老龄化，提高我国老年人休闲的质量和水平，改善城乡老年休闲设施和公共服务，需要构建综合性的老年休闲发展战略体系。

一、老年休闲制度保障体系

首先，国家应该正确认识老年休闲对于推进积极老龄化战略、改善老年人生活质量、促进休闲产业健康发展的重要战略意义，从体制机制和政策措施等方面为老年休闲提供制度保障，在《中华人民共和国老年人权益保障法》《国民旅游休闲发展纲要（2022—2030年）》的框架内切实保障老年人休闲权利；其次，在景区门票、文化娱乐消费、体育健身消费、交通票价等方面给予老年人适当优惠，降低老年人休闲成本；再次，在社区发展、产业规划、项目设计和质量控制等环节积极引入老年人代表参与，增加老年人在休闲发展全过程中的决策权和谏言权；最后，积极维护老年人的合法权益，消除老年人在休闲各环节中所受到的歧视和不公正待遇。

二、老年休闲经济保障体系

首先，国家应该加快城乡居民社会保障体系建设，普及提升新型农村养老保险，重点解决无收入老年人的社会保障问题，为老年人休闲奠定经济基础；其次，在自愿的前提下鼓励老年人以多种方式灵活就业，政府在个人所得税等方面给予减免，既增加老年人的经济收入，又充分利用其宝贵的人力资本为社会做出有益贡献；最后，在居民退休以前协助其制订退休理财规划，保证退休以后资产保值增值，在有条件的城市试行以房养老（住房反向抵押贷款）业务，保障老年人能够获得多元化的经济收入。

三、老年休闲社会保障体系

首先，国家应该扶持培育老年休闲产业，增加专业从事老年人旅游、餐饮购物、文化娱乐、体育健身的休闲企业，提高休闲从业人员服务老年人的专业技能水平，保证老年人在休闲过程中能享受到全程无缝化专业服务；其次，老年人对于公共服务的依赖程度最高，国家应该针对老年人需求积极改善社区服务、公共交通、社会治安、文化体育等方面的公共服务，完善老年人休闲的社会环境；最后，众多具有完全自理能力的老年人由于忙于做饭、照顾小孩等家务劳动而无暇顾及休闲，国家应该研究并切实保障老年人的休闲权利，培育完善家政服务产业体系，让老年人实现家庭照护和个人休闲的良性循环，让退休成为老年人积极生活的新起点，而不是工作的延续。

四、老年健康保障体系

首先，国家应该加快老年医疗服务设施建设，健全老年人医疗社会保障体系，增强对老年人健康生活的指导，在疾病预防、疾病治疗、长期护理、心理健康等方面提高老年人的生命生活质量，为老年休闲产业发展提供健康支持；其次，国家可以考虑对城乡老年人进行免费体检和健康测评，根据老年人的健康状况量身打造休闲方案，提供专业化的休闲活动咨询建议，最大限度地发挥以合理休闲的功能，保障老年人健康。

五、老年休闲环境保障体系

首先，国家应该鼓励和引导地方发展针对老年人需求的休闲目的地和休闲产品，在全国形成适宜老年人休闲的多元化目的地体系和休闲产品体系；其次，国家应该出台旅游景区、文化娱乐、餐饮购物、体育健身、公共交通和休闲用品的设计和服务标准，对于符合老年人需求的休闲产品和服务进行认证，最终形成老年人休闲的全程无障碍标准化服务流程，以标准化体系建设来推动休闲企业改进服务；最后，国家可以将老年服务质量作为考核休闲企业社会责任的重要指标，对于优秀企业进行表彰，在社会上形成争相为老年人休闲提供服务的新局面。

六、老年休闲行为保障体系

首先，国家可以通过多种方式协助老年人规划退休生活，发挥老年期生活在人生历程中的重要作用，在老年人中倡导积极健康的生活方式，向老年人示范积极的休闲活动，让老年人正确认识到休闲在改善身心健康、保持相对独立、增加社会参与、维护人格尊严、实现自我发展等方面的重要作用，增强老年人积极休闲的自发性和主动性；其次，国家可以建立起面向老年人的学习网络体系，向老年人灌输"学习即休闲"的理念，增强老年人获取休闲信息的能力，增进老年人的学习兴趣和求知欲望，让老年人自发通过教育、文化、体育等积极休闲行为来提高认知水平和体验学习乐趣。

第三章

养老旅游目的地发展实践

第一节　养老目的地的分类及定义

　　大量老年人聚集的地区被称为老年社区，老年社区具有较高的老龄化率以及一定规模的老年人群体。美国的老年社区从 20 世纪 60 年代左右开始出现（Bultena，1969），发展到现在大约有 5% 的老年人居住在老年社区里，随着老年社区的成熟以及老年人观念的转变，居住在老年社区的老年人比重有增加的趋势，建设老年社区进而吸引老年人入住也成为了很多地区的经济发展手段（Streib，2002）。老年社区的形成机理和内部结构是极其异质的，根据不同的划分标准可以总结出不同的类型，见图 3 - 1。

　　依据老年人口迁移类型的不同，老年社区又可分为自发老年社区（naturally occurring retirement community）和养老目的地（retirement destination）两种（Lucas，2004）。自发老年社区并非专门为老年人设计建造，而是在相当部分的社区居民老龄化并选择居家养老后，社区的老年人比重和规模达到一定程度而自然形成的，很多社区中青年居民的迁出

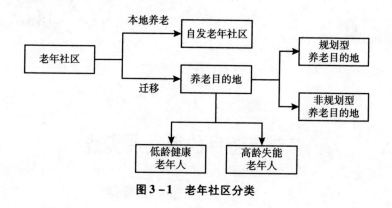

图 3 – 1   老年社区分类

加速了自发老年社区的形成，美国各州对于自发老年社区的界定标准不同，一般认为其老年人比重需达到 40% ~ 50% 。养老目的地则是由大量老年人经较长距离迁移抵达目的地后形成的老年社区，养老目的地一般位于城郊或农村地区，但老年人为了享受城市服务又不愿离城市中心太远（Brown et al. , 2008），养老目的地形成的主要原因是外部老年人迁入导致的老年人口机械增长而非本地人口的老龄化。

依据老年人口迁移目的的不同，可以将养老目的地分为两类（Brown et al. , 2008）：一类主要为低龄健康老年人积极生活提供宜居环境，典型的此类养老目的地有高尔夫球场、游泳池、保龄球馆等休闲娱乐设施，就像一个专为老年人建造的旅游度假区，另一类主要为高龄失能或半失能老年人提供医疗照护服务，以弥补普通社区或养老机构的老年照护功能不足，典型的此类养老目的地包含了丰富的保健、养生、康复、不间断护理等设施和服务。从发展的现状和趋势来看，第一类养老目的地的规模较大且发展速度较快，因为低龄老年人需要经过较长距离迁移来获取适合养老的宜居环境，第二类养老目的地的发展速度较慢，因为高龄老年人在失能以后往往选择回到迁出地或者子女身边，到异地接受医疗照护服务的相对较少。

依据养老目的地规划特征的不同，可以将养老目的地分为两类

（Brown et al.，2008）：一类是经过规划的养老目的地，企业或非营利组织针对老年人的需求，规划建设专供老年人生活的社区，在美国、澳大利亚等地部分社区还规定了入住居民的最低年龄，禁止青少年在社区内长期居住，以保持社区内部纯老年群体的特征；另一类是未经规划的养老目的地，老年人以购房、租房等方式自由选择宜居环境的普通社区居住，大量外部老年人口迁入与本地居民老龄化交织在一起，共同推动了老年社区的形成。经过规划的养老目的地设计目标明确，老年居民结构较为单一，居民的生活方式和基本诉求相对统一，管理社区的企业或非营利组织容易为提升居民生活质量做出统一安排。未经规划的养老目的地当初建设时并非针对老年需求设计，外地老年人、本地老年人、中青年居民等的需求交织在一起，又常常缺乏一个强有力的社区管理企业或组织能够协调各种矛盾，很多时候只能依靠政府提供各种公共服务来弥补。

根据以上对于老年社区的界定和划分，考虑到我国的自发老年社区已有较多研究成果积累，而专门为失能老年人建设的养老目的地尚不具备较大规模，本书将结合我国老年人口季节性迁移的发展趋势，主要研究农村地区为低龄健康老年人积极生活而服务的养老目的地，并分别研究规划型和非规划型农村养老目的地的发展情况。

第二节　国外养老目的地案例研究

一、美国非规划型养老目的地案例研究：以佛罗里达州为例[①]

佛罗里达州是美国最早崛起的养老目的地，长期位居全国老年人口

---

① Destination Florida Commission. Destination Florida Commission's final report with recommendations［R］. Florida：Destination Florida Commission，2003.

迁入量首位。由于佛罗里达州是美国著名旅游胜地，早期老年人口以自发迁入并分散居住为主，近年来新建了一批规划型养老目的地，但大量的老年人口仍散居在普通社区中，呈现典型的非规划型养老目的地特征。对于非规划型养老目的地而言，缺乏强势的开发商介入，因此更为依赖政府提供的公共服务，佛罗里达州政府为了保持养老目的地竞争力，于 2003 年进行了详细的政策研究，因此本节将佛罗里达州选为非规划型养老目的地的典型案例。

（一）佛罗里达养老目的地的发展历史

美国佛罗里达州由于冬季气候温暖、海滨风景优美，19 世纪末就开始成为全国领先的冬季避寒胜地（Trolander，2011）。到了 20 世纪初期，美国进行季节性迁移的老年人主体开始由精英阶层向中产阶级过渡，全国的养老目的地体系取得了更进一步的发展，佛罗里达州的养老目的地开始崛起。以圣彼得斯堡（St. Petersburg）为例，在第一次世界大战时其冬季的人口数要比平时增长 50%（Trolander，2011）。

佛罗里达州早期并没有老年社区或养老目的地的概念，老年人冬季迁入以后散居在普通居民社区中。到了 20 世纪 30 年代，北部迁入的老年人在冬季聚居在房车营地里，成为了佛罗里达州老年社区的雏形。围绕着这些房车营地开始出现了专业为老年人服务的企业和非营利组织，开始为老年人筹办舞会、棋牌比赛等休闲活动，并逐步增加了游泳池、老年活动中心、球场等休闲娱乐设施。这些企业和组织在为老年人提供软硬件设施和服务的同时，还整合资源策划了一系列的老年节庆活动，甚至面向北部主要的老年人口迁出地开展了有针对性的营销，客观上推动了佛罗里达州养老目的地的发展（Trolander，2011）。

到了第二次世界大战以后，佛罗里达风景优美的海滨地区开始建起高层居民住宅楼，单元式公寓住宅的价格相对低廉，能够被广大的中产阶级老年人所接受，老年人开始从房车营地迁往永久性建筑之中，政府相应完善了针对老年社区的服务与管理，现代意义上的佛罗里达州养老目的地开始快速发展起来（Trolander，2011）。但总体而言，20 世纪 50 年代以前的佛罗里达州老年社区并非专门为老年人规划设计，也并未对入住居民的年龄进行限制，社区规模一般也小于专门规划的老年社区，养老目的地是大量老年人迁入普通社区后自然形成的产物。

（二）佛罗里达养老目的地的现状特征

现在，美国佛罗里达州的经济主要依靠三大支柱产业：旅游业、农业和老年产业，老年产业已经上升到了全州战略性支柱产业的地位，并成为经济增长的发动机（Destination Florida Commission，2003）。据统计，2002 年佛罗里达州 50 岁以上的中老年人占总人口的 1/3，但他们的收入和消费支出却占到了全州的近一半，中老年人具有巨大的消费能力。2002 年 50 岁以上佛罗里达中老年人的直接消费和医疗服务支出约有 1500 亿美元，他们总计缴纳了 27 亿美元的税收，但却只享受了 12.8 亿美元的健康卫生服务，其净缴纳税收为地方各级政府带来的经济效益约为 28 亿美元（Destination Florida Commission，2003）。

佛罗里达州的老年产业是环境友好型的可持续发展产业，其产业覆盖范围极广，能够带动包括社区服务、老年护理、房地产、医疗卫生等多个产业的快速发展，创造大量的就业机会。以医疗卫生业为例，2000 年佛罗里达州 50 岁以上的中老年人自费支付了 90 亿美元的医疗服务费用，而通过全国医疗保险系统间接带动支付了 184 亿美元，这些支出推动了佛罗里达州医疗卫生服务业的快速增长和品质提升，现在佛罗里达州已经成为美国医疗服务水平最发达的地区之一。养老目的地建设也促进了老年旅游业的发展，养老服务业和旅游业呈现出深度融合发展的趋势，2000 年佛罗里达州共接待了 1680 万 50 岁以上的中老年旅游者，成为旅游业发展的重要支柱（Destination Florida Commission，2003）。

（三）佛罗里达发展养老目的地的优势条件

佛罗里达州是美国首批兴起的养老目的地，一百多年来一直是老年人口季节性迁入数最多的州。2003年佛罗里达州旅游目的地委员会针对养老目的地发展优势进行了梳理，确定了经济、医疗卫生、住房、交通、生活环境等五大方面的优势，其具体内容如表3-1所示。

表3-1 　　　　　　　　佛罗里达州发展养老目的地的优势条件

类别	具体优势
经济因素	（1）州政府并未征收个人所得税，针对55岁以上老年人减免财产税和无形资产税，并可在老年人去世后用房产支付； （2）州政府鼓励老年人就业和参加志愿服务； （3）具有完善的老年人职业介绍场所、终身教育培训体系； （4）劳动力市场对于老年人具有较高的接受程度； （5）全州的经济发展形势相对较好； （6）生活成本低于全国平均水平，特别是低于北方老年人迁出区域
医疗卫生因素	（1）生态环境适宜老年人养生康复，癌症、糖尿病、心脏病、卒中等老年人常见病的死亡率低于全国平均水平； （2）医疗卫生服务成本低于其他各州； （3）医疗卫生服务质量较高，人均病床数、人均医疗开支、家庭医疗服务等均高于全国平均水平，并拥有一批全国顶级医院； （4）开展了针对老年人的预防性医疗项目，包括骨质疏松症、糖尿病、癌症、跌倒、吸烟、肥胖等； （5）州立大学开设医疗卫生专业课程来培养专业人员，积极从其他州引进退休的医疗专业技术人员，以缓解医疗护理人员不足； （6）对贫困老年人提供每月160美元的购药补贴
住房因素	（1）有多元化的住房类型可供老年人选择，包括独立居住社区、不间断护理社区、辅助生活设施、老年家庭护理院等； （2）有不同价位、面积、位置、环境的住房类型可供不同收入水平的老年人选择； （3）针对老年人提供可进入、廉价住房的"终身社区"项目，在土地成本、税收、审批、住房贷款等环节压低住房价格，在社区规划、设施配套、公共服务等环节保障老年居民的积极生活； （4）全年气候温和，房屋的维护和使用成本较低； （5）州老年事务部在建设"终身社区"的过程中发挥统筹和协调功能

类别	具体优势
交通因素	（1）方便老年人使用的宽车道、更为醒目的交通指示牌、行人友好的道路交通； （2）实行较低的燃油税率； （3）为老年人提供完全无障碍的人行道、自行车道和慢跑步道； （4）公共交通针对65岁以上老年人半价，超过80%的公共汽车有无障碍设施
生活环境因素	（1）全年有宜人且充满阳光的气候，环境质量较好； （2）有以海滨休闲、高尔夫球场、徒步旅行为代表的积极生活方式； （3）有极为多元的文化背景从而对各种类型的老年人都有吸引力； （4）有完善的国家公园、主题公园、休闲娱乐场所等旅游景区体系； （5）提供丰富多元的志愿服务活动机会； （6）当地居民待人友善； （7）具备完善的外部大交通和内部交通体系； （8）绝大部分老年社区都已经连上互联网

资料来源：Destination Florida Commission. Destination Florida Commission's final report with recommendations ［R］. Florida：Destination Florida Commission，2003.

　　可以发现，佛罗里达州之所以成为美国首位的养老目的地，是上述五大方面优势条件共同作用的结果。针对上述吸引老年人迁入的具体因素，佛罗里达州又对各因素的重要程度进行了具体调查，其结果如表3－2所示。

表3－2　选择养老目的地时认为以下因素"非常重要"的老年人比重

因素	比重（%）
温暖的气候	83
丰富的户外活动	40
接近已迁入的朋友	39
佛罗里达生活方式	37
接近特定的种族或宗教社区	35
优美的自然风景	32

因素	比重（%）
接近亲戚	27
良好的医疗服务	22
文化环境	20
有利于亲戚朋友来访	20
位于美国东海岸	18
丰富的老年人服务	18
较低的生活成本	17
较低的税收	14

资料来源：Destination Florida Commission. Destination Florida Commission's final report with recommendations ［R］. Florida：Destination Florida Commission，2003.

通过对各因素的重要性排序进行对比分析可以发现，对于吸引老年人迁入最为重要的因素包括气候、户外活动、生活方式、自然风景等，集中在"生活环境因素"大类中，因为佛罗里达州的生活环境相对于北方地区而言更具不可替代性，是作为养老目的地的核心竞争力。而医疗服务、生活成本、税收等"医疗卫生因素"和"经济因素"的重要性则相对较低，佛罗里达州在这些因素上虽然具有优势，但并不具备不可替代性，在老年人由于生活环境因素被吸引过来以后，这些因素又不可或缺，对提升老年人的生活质量发挥至关重要的作用。

（四）佛罗里达发展养老目的地的支持政策

佛罗里达州养老目的地在20世纪50年代开始大规模兴起以后，一直占据全国第一的位置，大约1/4的老年季节性迁移者是迁往佛罗里达的。但是到了20世纪80年代，随着其他州的养老目的地开始兴起，佛罗里达州的优势地位遇到了挑战，占全国老年季节性迁移者的比重从1/4下降到1/5左右。2002年佛罗里达州长布什针对提升全州的养老目的地竞争力组织开展了研究，认为应该在经济、医疗卫生、住房、交通、生活环境、信息技术、市场营销、战略决策等 8 个方面推进改革和制度创新，其具体的政策措施如表 3 - 3 所示。

表 3 - 3 　　　　佛罗里达州增强养老目的地竞争力的政策措施

类别	具体优势
经济因素	（1）针对 55 岁以上老年人停止增加财产税，可在老年人去世后用房产来支付； （2）继续限制征收无形资产税
医疗卫生因素	（1）针对侵权责任法进行修改，以降低各类重要医疗服务的价格； （2）多种渠道争取资金为尚处于等候名单上的老年病人提供服务； （3）保证老年人长期照护网络之间具有更好的协调性，在老年事务部内部设立长期照护政策办公室； （4）设立区域性的医疗照护中心来为老年人提供服务，特别是在欠发达地区； （5）支持和鼓励护士的培养和招聘以满足不断增长的需求； （6）充分利用全国性的医疗保险资金为医疗卫生事业发展服务； （7）支持和鼓励老年护理人员的培养和招聘以为老年人提供更好的服务； （8）在州内的医学院增加老年病学的教学和研究； （9）针对老年人进行长期照护培训
住房因素	（1）让现有的房地产信息更便于老年人获取； （2）协助并教育老年人防范房地产投资风险； （3）面向老年人开展房地产政策知识培训； （4）为老年人群体提供多元化住房购买选项； （5）鼓励发展对入住居民有最低年龄限制的老年社区
交通因素	（1）在全州范围内提供充足的公共交通； （2）发展地方性的老年人叫车应答服务，保障丧失驾车能力老年人的权利； （3）考虑为老年人乘坐出租车或公交车提供打折或优惠； （4）积极引导交通方面的税收用来建设公共交通系统
生活环境因素	（1）对生态环境保护开展宣传教育； （2）保护全州的自然资源和生态环境以实现可持续发展； （3）引导志愿服务和自然环境保护相结合； （4）针对新居民发放目的地宣传资料； （5）与旅游、商务、经济、企业等部门合作来营销养老目的地形象
信息技术因素	（1）研究老年人使用高速互联网的问题； （2）在农村地区普及互联网

类别	具体优势
市场营销因素	(1) 针对州外 50 岁以上的中老年人开展营销，吸引他们移居到佛罗里达； (2) 针对州内居民开展宣传教育，以展现老年产业价值及老年迁移正面效益
战略决策因素	(1) 将老年产业视为经济发展和产业多元化的重要支柱产业； (2) 为老年产业的发展营造良好的投资环境； (3) 让州老年事务部代表参与全州经济战略决策

资料来源：Destination Florida Commission. Destination Florida Commission's final report with recommendations [R]. Florida：Destination Florida Commission，2003.

美国大部分地区的老年产业发展长期以来主要依赖市场调节和企业自主供给，老年社区主要由社区内部自行管理，虽然近年来部分地区认识到了老年产业促进区域经济发展的重要性，但是政府对老年产业的扶持主要表现在协助营销推广上，对老年产业的系统性规划和支持手段较少。老年产业发展和养老目的地建设是一项综合性的系统工程，涉及医疗卫生、社会保障、社区服务、住房政策等多个方面，仅靠市场或者老龄行政管理机构单个部门的力量难以解决。佛罗里达州将老年产业上升到了战略性支柱产业的重要地位，并从经济、医疗卫生、住房、交通、生活环境、信息技术、市场营销、战略决策等 8 个方面出台了相应的扶持政策，以系统综合的视角来推动老年产业发展，取得了良好的成效，对于其他地区建设养老目的地具有重要的参考借鉴价值。

二、美国规划型养老目的地案例研究：以亚利桑那州为例①

美国亚利桑那州位于沙漠地带且并不临海，并不是传统的旅游胜地

---

① Trolander J A. Age 55 or Better：Active Adult Communities and City Planning [J]. Journal of Urban History，2011，37（6）：952 –974.

或养老目的地，但是以戴尔韦布（Del Webb）公司为代表的开发商抓住当地干燥温暖气候的核心优势，从无到有建设了数个大型的自我包容、以积极健康生活方式为亮点、配套完善的休闲娱乐设施的老年社区，一举取得了巨大成功，以大项目建设推动的方式将亚利桑那州打造成为了新兴的养老目的地，因此本节将亚利桑那州选为规划型养老目的地的典型案例。

（一）规划型养老目的地的发展历史

美国西南部沙漠地区的亚利桑那州气候干燥温暖，生活成本较低，适合冬季气候严寒的北方老年人养老（McHugh et al.，2005）。但由于并非佛罗里达州那样的传统海滨旅游胜地，且缺乏政府和企业有针对性的开发，养老目的地和老年产业一直没有发展起来。1954 年，开发商受美国东部地区老年疗养院的启发，在亚利桑那州凤凰城城郊 15 英里处建设了"年轻镇"（Youngtown），限制入住居民的年龄在 65 岁以上，成为了美国首个限制年龄的规划型养老目的地（Trolander，2011）。"年轻镇"当年建设的初衷是在宜居的环境中建设更好的疗养院，由于开发商实力和理念的制约，同时也为了降低成本让更多的老年人能够入住，社区并未配套高尔夫球场、游泳池、老年活动中心等休闲娱乐设施，房价仅相当于当时全国平均水平的 1/3。1956 年美国联邦住房管理局（Federal Housing Administration）出台政策规定 62 岁以上的老年人能够申请住房贷款，老年人只要首付 500 美元月供 40 美元就能购买到一套年轻镇的住宅，更进一步地刺激了住宅需求，到了 1959 年共有 1400 名老年居民生活在年轻镇的 700 套住宅内，他们迁入的主要目的是有利于养生康复的气候（Trolander，2011）。

美国较具实力的开发商戴尔韦布公司在考察"年轻镇"的限制年龄规划型养老目的地后，对限制年龄社区的可行性进行了深入调查研究。当时学术界的主流观点认为老年人并不愿意生活在纯老年的社区里，而需要大量的代际交流沟通，但是进一步研究后发现老年人主要倾向于享受家庭内部的代际交流沟通，而认为邻居家的青少年使用社区资源是一种浪费，纯老年社区在现实生活中具有存在的合理性。戴尔韦布（Del Webb）认为"年轻镇"的开发模式还有进一步提升的空间，老年人不能仅仅因为气候舒适而居住在老年社区里，他们需要丰富的休闲娱乐设施和社交活动。开发商从佛罗里达州环境优美的房车营地得到了启发，直接参考了大型旅游度假区的设计规划，将大型的高尔夫球场、湖泊、运河、游泳池、保龄球馆、俱乐部会所、剧院、老年活动中心等直接建在了社区中。社区内部还配套了医疗、照护、餐饮、旅馆、购物中心、教堂等生活服务设施，让老年人不用离开社区就能够全面地享受到各种城市服务。除了大规模的硬件基础设施以外，社区建设还极为重视老年人的社会活动，老年人直接参与社区的管理运营，拥有丰富的志愿服务和社交活动机会，社区配备了专职人员为老年人举办各种活动。为了压低建设成本，戴尔韦布公司从沙漠中以低廉价格大规模购地并分阶段开发，1960 年用 9750 美元就能够购得一套住宅，显著低于全国平均水平。1960 年，戴尔韦布公司紧邻"年轻镇"开发的太阳城（Sun City）社区取得了巨大的成功，开盘当天造成了当地历史上最严重的堵车，前来购买的人数是预期人数的十倍，1960 年底就已经售出 2000 套住宅。到了 1980 年太阳城各期最终建成时，社区内总人口达到了 4.8 万人。太阳城实际上开创了一种新型的老年社区发展模式，以限制年龄准入的方式将具有近似特征的老年人聚集在一起，社区营销的卖点不再是气候或房屋，而是一种积极的生活方式，社区营销的对象不再是精英阶层，而是以低廉的价格直接将高端社区售给中产阶级（Trolander，2011）。

太阳城以积极生活方式为亮点的限制年龄规划型养老目的地取得了巨大成功，戴尔韦布公司迅速在全国推广太阳城模式，其他开发商也纷纷效仿了这种模式。1962 年罗斯科尔泰斯（Ross Cortese）开发的"休闲世界"（Leisure World）也成为了美国老年社区中的著名品牌，休闲世界与太阳城的主要区别在于它并不是开放式的居民社区，而是配备有围墙和门卫的封闭型社区，这样社区的安全性得到了充分的保障。住宅的建筑形态也并非独栋建筑，而是单层的多户公寓，在房屋内部增加了无障碍设施。休闲世界的建筑格局更为紧凑，老年人的居住密度更高，便于社区为老年居民提供免费医疗、内部公共交通等服务，而这些服务在相对松散的太阳城因为成本过高而一直未能持续下去。1980 年休闲世界建成，社区规模达到 1.8 万人（Trolander，2011）。

以太阳城和休闲世界为代表的限制年龄规划型养老目的地发挥了巨大的示范效应，愿意迁入的老年人越来越多，社区和住宅的设计也越来越科学合理。戴尔韦布公司在亚利桑那州凤凰城周边又开发了多个老年社区项目，各个老年社区总规模已经达到 9.4 万人。截至 2006 年，戴尔韦布公司在美国共建设了 54 个老年社区。据调查，美国有 18% 的老年人愿意迁入类似的限制年龄规划型养老目的地（Trolander，2011），季节性迁移已经成为老年人的时尚生活方式。

（二）规划型养老目的地的经验借鉴

1. 以限制年龄政策保证居民结构同质性

规划型养老目的地一般都有入住居民的年龄准入政策，这种年龄准入政策的共同点在于限制未成年人长期居住，但对于老年居民的最低年龄规定却各不相同，一般在 45～65 岁之间波动。例如，太阳城要求家庭内至少有一名 55 岁以上的老年人，且不能有 19 岁以下的青少年。这种年龄限制政策在早期并无法律依据，主要由开发商与业主以契约的方式确定。1988 年美国政府以"老年居民区划"（senior citizen zoning）的方式确定了限制年龄政策的合法性。限制年龄政策保证了社区内部居民的同质性，营造了一个相对纯粹的老年人环境，入住同一个社区的老年居民不仅年龄差异较小，经济状况、社会阶层、文化取向、婚姻状况、种族特征等因素也较为近似。例如，凤凰城都市区的白人比重约为76.9%，而太阳城内的白人比重高达98.1%（McHugh et al.，2005）。老年社区居民结构的相对同质，能够保证居民有较为一致的观念和需求，减少居民之间社交的摩擦，也有利于社区为居民提供设施和服务。近年来，西方限制年龄规划型养老目的地有淡化硬性年龄限制，而采用柔性政策鼓励特征接近的老年人聚居的趋势（McHugh et al.，2009）。

2. 为积极的老年生活全面规划设计

规划型养老目的地在设计建设之初就是为了老年人能够享受积极健康的生活，因此全面考虑了老年人的多元化需求。从休闲娱乐设施来看，全面参考了高端度假区的设计理念，配置了高尔夫球场、保龄球馆、游泳池、剧院、休闲中心等设施，让老年人的退休生活就像愉悦的度假体验。从生活服务设施来看，配套了医院、餐馆、超市、旅店等设施，让老年人不出社区就能够享受全面的生活服务。从社会交往来看，依托俱乐部等策划了丰富多元的社交活动。经过面向积极生活的全面规划设计，养老目的地的形象已经不仅仅是优美自然环境或舒适住宅，而成为了积极健康生活方式的象征，成为了老年人追求幸福生活的一种理念和梦想。它推动了老年人口的季节性迁移，是对传统机构养老形象的一种颠覆。

3. 老年居民直接参与社区的管理运营

以太阳城为例，2011 年社区拥有 7 个休闲中心、8 个高尔夫球场、5 个快餐店、2 个保龄球馆、2 个餐馆和 1 个露天剧场。社区休闲娱乐设施资产高达 8 千万美元，每年预算为 2 千万美元，雇佣了 350 名员工（Trolander，2011）。社区的全部休闲娱乐设施交由"太阳城休闲中心"这个非营利组织来领导管理，中心的 9 名董事会成员由社区居民经过选举后无偿担任，在 3 年的任期后进行轮换，董事会的所有会议都对居民公开，并鼓励居民参与讨论。中心下设保龄球、高尔夫球、娱乐、俱乐部、选举、财政预算、保险、长期规划、居民交流、资产等 12 个常务委员会，居民可以以志愿者的身份参与到各个委员会中，为社区发展贡献力量（Trolander，2011）。老年居民直接参与社区的管理运营有诸多优点，首先，可以保障业主的各种权益，让他们共同建设理想中的幸福社区，全面倾诉各种社区发展的诉求，也有利于将社区的设施和服务价格维持在较低水平。其次，老年人退休前大多具备各种专业背景，让他们退休后利用自己的专业技能为社区服务，能够在美化社区环境、丰富老年居民生活的同时，降低社区的服务成本和物业费用。

4. 面向中产阶级提供价廉质优的住宅

美国规划型养老目的地改变了高端社区仅面向高收入阶层的现状，将高端度假区的规划设计理念融入老年社区建设的同时，将中产阶级老年人作为目标市场群体，在美国树立了高端社区大众化的样板。老年社区开发商在欠开发的区位一次性大规模廉价购地，然后以内部配套、分期开发的方式有效降低了土地单位成本。规划型养老目的地直接面向中产阶级大规模建设，太阳城建成之后的居民总数达到了 4.8 万人（Trolander，2011），在美国的标准看来是一座独立的中小型城市，老年人的大规模入住创造了聚集经济，有效地分摊了公共服务和设施的平均成本，使得社区能够配套露天剧场、医院、高尔夫球场等设施。规划型养老目的地的建设还与联邦住房管理局的老年人住房贷款优惠政策紧密衔接，使得老年人仅以很少的首付和月供就能获得属于自己的住宅，实现了不影响生活质量前提下的异地养老。规划型养老目的地的建设使得主流的中产阶级也能够以季节性迁移的方式追求积极老龄化，顺应了第二次世界大战后"婴儿潮"一代老龄化产生的大规模养老需求，已经成为美国梦的重要组成部分。

三、马来西亚养老目的地案例研究：发展中国家推动入境老年迁移①

美国老年人为了显著提高生活质量，一般选择在国内各州之间季节性迁移。欧洲老年人为了提高生活质量，北部经济发展水平较高的英国、瑞典、德国等国的老年人一般选择迁移到南部经济相对落后的西班牙、葡萄牙、马耳他等国家。亚洲各国的老年季节性迁移现象出现相对较晚，但是近期呈现出快速增长的趋势。日本、韩国、俄罗斯远东地区的冬季寒冷，老年人有迁移到气候温暖、环境优美的东南亚地区的需求，以马来西亚为代表的东南亚国家为了推进入境老年迁移发展，已经率先做出了制度创新。东京大学学者奥诺（Ono，2008）对日本老年人迁移到马来西亚养老的现象进行了深入研究。

（一）日本老年人迁移至马来西亚的背景

1. 日本老年人迁移的推力

（1）日本的经济社会背景。日本人口老龄化趋势日益加剧，也深刻地改变着日本的社会结构和劳动力市场。据统计，2019 年日本 65 岁以上的人口占总人口比例为 28.0%（United Nations，2019）。人口老龄化的加剧引起了日本劳动力结构的变化，为了解决缺乏年轻劳动力的问题，日本考虑从邻近的亚洲国家引进劳动力，特别是医疗及护理等行业的服务人员。

人口结构转变也导致日本国民对第二次世界大战后建立的社会保障

① Ono M. Long-stay tourism and international retirement migration：Japanese retirees in Malaysia［A］. in Yamashita S，Minami M，Haines D W et al. eds. Transnational Migrationin East Asia：Japan in a Comparative Focus［C］. Osaka：National Museum of Ethnology，2008.

制度产生了质疑。现有的养老金制度和社会保障政策是否能够有效应对人口老龄化带来的问题？特别是在社保基金增长缓慢，而人均医疗费用日益增加的情况下，很多老年人对于他们是否能够完全依靠养老金安度晚年产生了疑虑。在这样的宏观背景下，日本老年人去生活成本更低的国家生活就成为了考虑的选项。

预期寿命增加也对日本老年人的生活方式产生了重要影响。长寿使得老年人有了更长的退休生涯和更多的自由时间。季节性迁移为老年人提供了一个追求自己价值的机会。在退休之前，工作和抚养孩子是人们的主要追求。退休后，老年人开始追求实现人生价值，大量从事业余爱好和志愿活动。

（2）日本政府的推动。1986 年日本通商产业省制订了"银色哥伦比亚计划"，这个政府计划的目的在于促进老年人退休后定居海外以享受更为丰富的退休生活。这个计划的目的是在国外建立"海外城镇"或"日本村"，让退休人员享有较低的生活成本、舒适的气候和更好的生活环境。

然而，这个计划遭到了国内外的广泛批评，指责日本在"出口"老年人。日本政府因此将计划由政府运营改为政府监督下的企业管理运营，将"移民"的提法改为"养老旅游"，并将目标群体由老年人拓展到老年人、旅游者、志愿者等。20 世纪 90 年代，在许多非营利组织和企业的营销推广下，越来越多的日本居民接受了养老旅游的生活方式，它象征着人们追求生活质量、自然和健康的生活方式。特别是近年来婴儿潮出生的老年人退休，旅游部门和企业加强了养老旅游的产品开发和市场营销，养老旅游已经成为日本具有重大意义的社会现象。

目的地国家的旅游部门也对日本养老旅游表现出积极欢迎和配合。以往养老旅游者只能申请旅游签证，在目的地国家停留数月时间后又要重新申请签证，对于具有长期居留特征的养老旅游者而言极为不便。为解决此问题，泰国、马来西亚、菲律宾、印度尼西亚等国都针对日本老年人推出了非移民多次入境的"退休签证",简化了申请手续并大幅度延长了签证有效期,而且结合老年人需求大力发展健康旅游、医疗旅游,建设了疗养院、高尔夫球场等一大批旅游设施。现在很多目的地已经形成一定规模的日本老年人社区,又进一步吸引着日本老年人的迁入。

2. 日本老年人迁移的拉力

(1)马来西亚实施"马来西亚,我的第二故乡"(MM2H)项目。1988年,马来西亚政府颁布"银发计划",旨在吸引50岁以上外国人移民,以增加旅游收入和刺激经济,但是该计划效果并不理想。随后,马来西亚政府于2002年对该计划进行了改革,将主管部门由移民局改为旅游局,并重新命名为"马来西亚,我的第二故乡"。此项计划以其便利的申请方式、快速的审理周期、申请获批后的优厚待遇,引起了广泛的响应。此计划的获批者将获得10年居留权,在有效期内无限次出入境,居留权到期后可再次申请。此项计划对申请人在有效期内是否居留马来西亚,以及居留长短没有任何限制,具有较高的灵活性,结合马来西亚于2007年推出的"马来西亚旅游年",计划申请人数大幅增加。

(2)马来西亚丰富的旅游资源及舒适的自然环境。马来西亚拥有广阔的海滩、奇特的海岛、原始热带丛林、珍贵的动植物、千姿百态的洞穴、古老的民俗民风、别样的热带旅游资源,这些都是马来西亚吸引海外游客的主要因素。马来西亚也是高尔夫爱好者的首选国度,全国有近200个由国际知名人士设计的高尔夫球场,城市内、海滩边均可洒脱挥杆,定居者可以低廉价格尽情享受高品位运动带来的休闲时光。马来西亚属热带海洋性气候,全年高温多雨,自然条件优越,森林覆盖率达75%以上,适合老年人养生康复。

(3)马来西亚相对低廉的房价和生活成本。马来西亚有不同档次的各类住房,不仅有普通排屋、公寓、独立式楼房,更有建于海边、树林、园区和城市中心等地带的高品位房屋。房屋价格相对低廉，价格上涨平缓，房屋价格对于来自日本等高收入国家的老年人无疑具有很大的吸引力。马来西亚的生活成本较低，食物、衣服等基本生活用品价格都十分实惠。特别是对于在日本等高收入国家极为昂贵的老年护理服务，马来西亚具有巨大的劳动力成本优势。

（二）马来西亚发展养老旅游的经验借鉴

1. 以日本人社区组织建设构建老年人社会关系网络

日本养老旅游者向国外迁移是日本经济扩张和国际影响力提升的一种反映。日本企业和外派组织聚集地以及日本大众的旅游目的地也是日本养老旅游和老年迁移的重要目的地。日本社团已经发展成为日本养老旅游和老年迁移的中心。很多日本老年人正是基于以前的旅游和工作经历才决定在目的地定居，社会活动是老年人做出迁移决策的重要动机。因此，通过鼓励和扶持日本社区组织发展，能够形成日本老年人的社会关系网络，进而吸引日本老年人迁入。

2. 提供将旅游融入日常生活的生活方式

养老旅游者的旅游行为方式和目标产生了巨大的变化，老年人不再仅仅追求观光和旅游，而是追求深入体验在目的地国家的寻常生活。对于很多老年人来说，养老旅游已经成为日常生活的重要组成部分。老年人退休后，希望在旅游胜地过着当地寻常居民的生活，成为一个长期居民，而不是一个短期旅游者或者匆匆过客。目的地国旅游部门的相关举措在塑造这种老年人全新生活方式的过程中扮演着重要的角色。

3. 以低廉生活成本保障老年人生活的稳定性

经济因素是日本老年人进行养老旅游的重要原因。在马来西亚居住的日本老年人来自各个社会阶层。然而，把生活成本控制在养老金可支配范围内是他们普遍关心的内容。考虑到他们对日本养老成本和社会保障体系的忧虑，从经济安全和可持续性发展的角度来说，迁移到马来西亚是一个更实际的经济策略。在马来西亚较低的生活成本使得日本老年人的预算更加宽松，能够追求各种兴趣爱好和参加志愿活动，而这些是他们凭着有限的养老金在日本难以享受的。

4. 为老年人安享晚年创造宜居环境

日本养老旅游者迁移到马来西亚并不为了永久性定居，而是在健康阶段充分享受退休生活。退休后，追求人生价值成为老年人的重要生活目标。因此，马来西亚并不是仅仅为日本老年人提供了温暖的气候和舒适的住宅，而是从积极老龄化的视角为日本老年人提供了一个全面的宜居环境，既有先进的休闲娱乐设施，又有丰富的社会交往活动，还有价廉质优的医疗护理服务，为老年人过上舒适的晚年生活提供了全面保障，移居马来西亚已经成为积极生活的象征。

四、美国其他州吸引老年人迁移者的经验借鉴①

随着美国老年人从城市迁移到农村地区人数的增加，其促进农村地区经济增长、改善产业结构、调整人口结构、促进人口增加的战略功能被越来越多的地方政府所重视。据统计，美国至少有九个州出台了吸引老年人到农村地区的相应政策，而更多的州正在考虑出台类似的政策。美国农业部对各个地区的相关政策进行了整理（Reeder，1998），以下将进行简要概述。

---

① Reeder R. Retiree – Attraction Policies for Rural Development [R]. Agriculture Information Bulletin No. 741. Washington, DC: US Department of Agriculture, 1998.

（一）阿拉巴马州

阿拉巴马州采取了一系列措施：（1）吸引在阿拉巴马州有过工作和生活经历的原居民回故乡参观，利用他们对于目的地的深厚情感和地域认同，吸引他们退休后回来居住；（2）对全州有意愿吸引老年人迁入的社区进行统计，并对各个社区的基础设施发展情况等条件进行普查；（3）充分利用现有的旅游营销网络，印制宣传手册和书籍等，对全州养老旅游社区进行分层次营销，有效节约了营销成本；（4）针对农村养老社区的建设提供规划和技术支持资料，成立推动农村养老社区发展的委员会，包括社区志愿者、商务部门、招商机构、州政府经济部门、银行、开发商、市政设施运营商等；（5）针对全州的农村养老社区进行统一营销，设立联合性的推广项目并在全国媒体上发放广告，针对全国具有季节性迁移倾向的老年人建立数据库并进行重点营销；（6）每年全州召开一次养老目的地发展会议，让各个社区各个群体能够交流成功经验；（7）政府资助在交通枢纽处建设高尔夫球场等大型休闲娱乐设施，来提升整个区域对于老年人的吸引力，进而在休闲娱乐设施周边配套建设老年人房地产。

（二）阿肯色州

阿肯色州房产中介协会成立了名为"分享阿肯色"的老年社区发展中心，中心的目标是建立包含市政府、商务局、房屋中介、以及其他团体在内的地方老年社区发展网络。老年社区发展中心针对农村养老目的地开展了宣传册、电话、邀请参观等方式的市场营销，并设立了针对老年人的免费咨询电话。

（三）华盛顿州

华盛顿州鼓励具有建设成为农村养老目的地潜力的社区自主实施老

年人口吸引行动，政府提供相应的技术指导和支持，包括如何设立委员会、寻找赞助、印制宣传材料、安排前期游览、市场营销、老年迁移影响评估等，政府对各个社区的实施情况进行统计、评估和反馈。

（四）爱达荷—北达科他州

爱达荷—北达科他州采用了一种老居民"回家"的营销模式，针对在当地有过生活经历的居民进行重点营销。他们鼓励志愿者利用校友录等数据库向在当地出生、受教育、工作过的居民写信或打电话，向他们介绍当地老年社区的最新发展情况，并询问他们是否愿意来当地居住。如果得到有意向的答复，他们会邀请老年人来当地参观，并居住在老年社区的居民家里体验，在参观人数过多时也可以利用学校宿舍等进行接待。结果证明，退休后迁往当地的老年人多是原来的居民。

（五）南卡罗来纳州

考虑到专业开发商比普通社区更有市场营销的经验和经济实力，南卡罗来纳州主要采用大型项目拉动发展的方式，依靠开发商建设新的规划型老年社区的方式来吸引老年人迁入，而政府为了充分调动企业的积极性，给予了私人企业免费土地等多项优惠政策。

（六）乔治亚州

乔治亚州创办了一份杂志来专门介绍其老年生活方式以及老年迁移发展情况。为了降低老年人的生活成本，还专门立法为老年人提供税收减免。考虑到很多养老目的地也是旅游胜地，将老年产业与旅游业的发展结合起来，通过文化节庆等活动来吸引老年人到农村地区。为了评价老年人迁移对于地区发展的综合效应，还通过举办学术会议和开展项目研究等方式来进行评估。

五、发达国家老年社区发展的经验借鉴[①]

世界上所有发达国家都已经进入老龄化社会，他们在老年社区发展、老年人权利保障、老龄服务质量提升等方面积累了许多成功的经验，澳大利亚学者佩克（Peck，2005）对发达国家老年社区发展的部分成功案例进行了归纳总结。

（一）日本越谷市

日本越谷市为了在老年人中推广积极和健康的生活方式，履行政府对市民健康和福利的承诺，投资建设了一个先进的老年健康中心，越谷市老年居民缴纳少量费用就能使用这个中心。健康中心包括社交区域、咨询区、多功能室、游泳池、温泉池、综合治疗室、健身房等，每周开设有氧运动、普拉提、瑜伽、乒乓球、艺术、棋牌、卡拉 OK 等 50 多节课程，老年健康中心还对老年人进行体检并提供健康咨询服务。

（二）日本茨城县

日本茨城县将"无障碍"的设计理念直接纳入城市规划中，将设计无障碍设施的目标进一步提升为设计无障碍社区，最终建成适宜所有居民共享的"年龄友好型社区"。在住宅方面，采用普适的住宅设计和可变更的住宿设施以方便老年人使用；在交通方面，实施社区交通计划以便于老年人购物、就医、休闲和访友，并在道路设施和标识方面针对老年人做出改进；在信息技术方面，通过在住宅内安装感应器、可视屏幕、记忆电话等让老年人足不出户就能享受到各种服务。

---

① Peck A. Local government responses to ageing communities: an international perspective [R]. Canberra: The Winston Churchill Memorial Trust, 2005.

（三）英国泰晤士河畔金斯顿区

泰晤士河畔金斯顿区制定了《积极老龄化战略规划》，采纳了世界卫生组织"积极老龄化"的理论框架，在促进老年人长寿的同时，保障老年人健康、社会参与和安全的权利。作为战略规划的重要内容之一，泰晤士河畔金斯顿区为本地区所有 50 岁以上的中老年人建立了一个信息门户网站，以便于中老年人能够积极健康生活，网站包含了住房、消费、护理、健康、福利等多类信息。

（四）英国伦敦卡姆登区

卡姆登区为了提高弱势独居老年人的独立性，开展了"关爱线"计划。这个计划提供 24 小时的电话紧急应答服务，老年人佩戴特殊的电子按钮，在遇到紧急情况时按下按钮就能与控制中心通话，而不需要取下话筒，控制中心在必要时能够直接入户提供帮助。卡姆登区还设立了 7 个老年活动中心，为老年人提供社会交往和终身教育的机会。

（五）英国布赖顿—霍夫市

布赖顿—霍夫市每年举办"庆祝老年"国际老年文化节庆活动，以展现老年人的才艺并号召社会各界关爱老年人。国际老年文化节包括中老年艺术家视觉艺术大赛、全国老年服务质量研讨会、老年人技能表演、老年产业博览会、老年作家见面会等内容。

（六）英国瑟罗克市

瑟罗克市制定了《共塑我们的未来》战略，将老年人放在了地方政府所有规划和发展工作的中心位置，该战略从价值观、社区、社会关系网络、信息获取、健康福利、经济福利、交通、护理等 8 个方面提高老年人的福利，有效地提升了老年工作在地方政府各项规划决策中的地位，并改善了老年人的福利状况。

（七）英国伦敦哈默史密斯—富勒姆区

哈默史密斯—富勒姆区启动了"为老年人服务的更好政府"行动，该行动包括了政府、医疗机构、志愿服务组织和老年人等多个组织群体，通过鼓励老年人参加政府决策咨询论坛、组建老年人服务综合领导机构、安排决策者与老年人定期会面等方式，提高了老年服务质量和老年人满意度，改善了老年人与地方政府间的关系，保障了老年人的权益。

（八）加拿大多伦多市

多伦多市举办了跨政府和社区的圆桌论坛来解决老年问题并提高老年人生活质量。圆桌论坛鼓励老年人参与政府的规划和决策，与其他级别的政府、非营利组织和社区合作来为老年人提供更好的服务，有效地解决了老年人在医疗、照护、住宅、交通和休闲等方面的许多问题。

（九）加拿大安大略省荷顿区

荷顿区政府为了提高老年人的生活质量，成立了老年服务顾问委员会，他的功能主要包括向政府提供政策咨询建议、听取老年人针对政府的意见和建议、与社区一起开展老年服务行动、针对老年人问题开展调查研究等。

（十）新西兰新普利默斯区

新普利默斯区以战略合作的方式来满足老年人的需求，成立了"积极老龄化信托集团"，这个集团的目标是促进政府与各种机构、组织、社区密切合作，共同为老年人创造积极老龄化的生活空间。例如，与高校合作成立积极老龄化研究中心，与医疗机构合作提升老年医疗服务质量，与保险公司合作开展老年事故和意外伤害预防培训等。"积极老龄化信托集团"定期举行内部会议，召开各种研讨会以研究积极老龄化问题，并制定了《积极老龄化五年发展规划》。

第三节　国内养老目的地案例研究

我国养老目的地与国外相比发展时间相对较晚、发展程度较不成熟，全国性的养老目的地体系尚未形成。其中，海南三亚和广西巴马是我国首批崛起的养老目的地，具有较强的代表性，以下将简要论述。

一、海南三亚市

三亚市位于海南岛的最南端，拥有阳光、沙滩、海景、森林等自然景观，有亚龙湾、大东湾、三亚湾等优质海湾，民俗、佛教等文化资源丰富，是我国著名的旅游胜地。三亚全年气候宜人、长夏无冬，平均气温25℃，特别是在北方已经冰天雪地的冬季，三亚仍然温暖如春。三亚远离我国主要工业区，空气和水质污染较少，有利于身体健康，适宜老年人养生康复。自21世纪初有少量东北老年旅游者留下过冬以来，三亚的老年季节性迁移发展迅速，已经成为重要的养老目的地。

（一）三亚养老旅游发展现状

1. 养老旅游发展潜力巨大

近几年来，伴随着"中国（海南）自由贸易试验区"的建设，三亚旅游业发展较快，对经济增长和产业结构升级的推动作用越来越明显，成为促进经济发展和社会进步的战略性支柱产业。根据中国（海南）改革发展研究院调查显示，到海南养老的"候鸟老人"增长迅速，其中三亚是海南最为重要的养老目的地。老年季节性迁移市场具有巨大的增长潜力，也给三亚市经济社会发展带来了新的机遇。三亚通过加强旅游景点和配套设施建设，积极开发海洋旅游、医疗旅游、乡村旅游等旅游资源，大力建设养老服务设施，取得了明显的成效。旅游服务水平和老年人接待能力显著提升。

2. 给区域发展带来积极影响

（1）促进经济发展。"养老旅游"已经成为三亚经济发展的新增长点。老年人有着多元化的消费需求，通过积极扶持养老服务业发展，满足老年人医疗、照护、休闲、娱乐、学习、社交等多种需求，可以带动经济社会持续发展。老年人除了自身消费以外，还能带动亲友来三亚旅游，促进了旅游业发展，拉动了经济增长。养老服务业属于劳动密集型第三产业，具有较强的就业吸纳能力，大规模发展"养老旅游"能给当地创造数量可观的就业岗位。

（2）提供专业服务。"候鸟老人"中有较大比重的医生、教师、老干部、艺术家等专家学者，他们退休后到三亚生活，愿意利用自身专长为三亚经济和社会发展做贡献。通过将移居三亚具有高级职称的专家学者组织起来，从宏观上能够为三亚政府宏观决策提出建议，从微观上能够在各个专业领域广泛开展咨询指导，促进三亚经济社会发展。

（二）三亚养老旅游存在的问题

1. 给基础设施和公共服务增加压力

每到冬季"候鸟老人"迁入高峰来临，三亚老年人群聚居地区会出现阶段性公共服务严重短缺，主要表现为交通、水电、医疗等基础设施和公共服务面临较大供应保障压力。交通方面，近年来外地老年人的迅速增长给公交公司的运营带来较大压力，三亚市针对老年人优惠政策补贴不断增加；供水供电方面，三亚的城市基础设施还比较薄弱、承载力有限，难以应对短期内人数的过度膨胀，三亚市有部分小区出现供电故障和供水困难，影响了居民的正常生活；医疗服务方面，三亚市的各级医疗机构是按照户籍人口数配置的，当初规划建设的主要目的是保证本地居民就医，短期内大量"候鸟老人"的涌入加剧了就医难问题，特别是在农村地区医疗服务设施更显薄弱。

2. 养老目的地缺乏统筹规划

三亚的老年产业和养老目的地建设处于起步阶段，在项目建设前缺乏统一的规划和设计，开发商之间各自为战，难以形成功能齐全、配置合理的养老目的地体系。在项目建成后，老年产业缺少统一的行业规范、监管机构和评价体系，部分养老机构操作不正规，侵犯老年人权益的事件时有发生，很多老年服务企业的硬件设施、卫生条件、专业人员、应急处理等都没有达到应有的标准，老年人服务质量的保障体系尚未形成。

3. 季节性迁移导致城市空心化

大量老年人口的季节性迁移造成养老目的地的淡旺季人口波动明显，尤其是在夏季老年人口大量迁出以后，很多新建社区变成了"空城"，不利于当地政府有效配套基础设施和公共服务，制约了当地的城镇化发展和老年居民的社会整合，也减少老年人迁移能够留给当地的经济社会效益。

4. 缺乏专业老年医疗护理人员

三亚的老年产业发展还缺乏一支专业化的医疗护理服务队伍。现在三亚很多养老机构中的老年医疗护理人员都是中专或职高学历，缺乏系统化的专业技能培训，文化程度和专业技能水平较低，因此仅能给予老年人基本的生活照顾，而缺乏有针对性的专业照护能力，在遇到紧急情况时难以有效处理，特别是对于患有慢性病需要特殊护理的老年人而言，专业服务人员的短缺更为明显。

（三）三亚发展养老旅游的经验启示

1. 旅游目的地建设奠定养老目的地基础

三亚确定了以旅游业为龙头产业的经济发展战略，为与旅游有密切联系的老年季节性迁移和养老目的地建设奠定了基础。首先，打造了南山文化旅游区、天涯海角、亚龙湾、大东海、蜈支洲岛等一批精品旅游景区，提升了旅游目的地的品牌形象和市场号召力。其次，培育发展了精品度假型酒店、高尔夫球场、潜水基地、大型演艺场所等旅游项目，形成了完善的旅游产业体系。再次，加强了对旅游公共服务设施和交通基础设施的投资力度，增加了非政府投资重点项目的财政补贴。最后，通过航空公司补贴、旅行社奖励、大型节庆活动策划、旅游展会等方式，大规模推进旅游目的地营销推广。三亚旅游业的快速发展，提升了城市的知名度，改善了目的地的形象，完善了城市的软硬件设施，很多老年人正是以旅游者身份到三亚游览以后才决定留下养老，为养老目的地的发展奠定了坚实的基础。

2. 便民高效的异地医疗报销

医疗是影响老年人生活质量最为重要的因素之一，长期以来外省市的老年人在海南就医后难以便捷地享受到医保报销，严重影响了老年人在海南的正常生活。为了提高外省市老年人的生活满意度，海南省积极推动制度创新，与异地的就医结算工作取得了良好进展。海南的异地医保报销以制度创新的方式切实解决了老年迁移者的生活困难，其成功模式值得向全国其他地区推广，并且应该成为老年人管理体制改革的突破口。

3. 大规模建设城市无障碍设施

三亚市政府组织编制了《三亚市无障碍环境专项规划（2020—2030）》，规划与老年人日常生活密切相关的道路交通、居住环境、文化体育、社区养老服务等在建、改建公共设施项目，实现无障碍率达100%；市内道路、公共建筑、公共交通设施、居住小区、居住建筑和养老场所无障碍改造率不低于80%。老年季节性迁移者在三亚并不仅仅是一个旅游者，而是具有本地居民的特征，要与当地居民共享日常生活空间，因此在全市大规模建设无障碍设施，有利于扩大老年人的出行范围，提升老年人的生活质量。

二、广西巴马县

（一）建设发展背景

巴马县位于广西壮族自治区西北部，总面积 1976 平方千米，境内聚居着瑶族、壮族、汉族等 12 个民族，2022 年全县常住人口 23.65 万人（巴马瑶族自治县统计局，2023）。巴马县的旅游发展具有以下三大特征[①]。

---

① 巴马县政府官网，http：//www.bama.gov.cn/zjbm/lsyg/t3450331.shtml。

1. 文化和旅游资源丰富

巴马县发展旅游产业的条件优越，具有丰富的生态景观、民族风情、健康养生、红色文化等资源，被赞誉为"上天遗落人间的一片净土"。巴马县域内的盘阳河、赐福湖、百鸟岩、水晶宫、洞天福地等旅游景区美轮美奂，盛产香猪、野山茶油、火麻油、珍珠黄玉米、火麻仁、油鱼等特色农产品。巴马县现在具有"世界长寿之乡"和"中国长寿之乡"等品牌，优越的文旅康养资源支撑了巴马县以康养旅居为特色的旅游产业发展。

2. 红色文化底蕴深厚

巴马县是右江革命根据地的中心腹地，是老一辈无产阶级革命家生活和战斗过的地方。20世纪二三十年代，巴马西山是右江革命的指挥中心，农民运动领袖韦拔群在西山创建的革命根据地是中国共产党最早创建的农民革命运动根据地之一。在丰富红色文化资源的基础上，巴马县是国家"百色风雷、两江红旗"红色旅游线路的重要组成部分。

3. 经济发展相对滞后

巴马县素有"八山一水一分田"之称，是一个集"老、少、边、山、穷、库"于一体的国家级贫困县和滇桂黔石漠化片区县。2016年全县共有50个贫困村14601户贫困户，贫困人口64835人，贫困发生率为25.5%，属于深度贫困县（巴马瑶族自治县文化广电体育和旅游局，2020）。巴马县既是国家扶贫开发工作重点县，也是文化和旅游部定点扶贫县。

（二）系统方案与成功经验

巴马县因地制宜，创新举措，围绕"党建引领、能人带动、深化改革"推动扶贫开发与康养旅游有机融合,探索旅游发展带动群众脱贫致富的新路子。巴马县依托良好的生态优势和长寿资源,将"绿水青山"转化为"金山银山",大力发展康养旅游,让老百姓摆脱贫困、吃上旅游饭。

作为国内知名旅游目的地,同时也是国家级深度贫困县,巴马县得到了文化和旅游部、广西壮族自治区、河池市各部门的关注和大力扶持。在推进脱贫攻坚过程中,巴马充分发挥当地文化和旅游资源优势,多措并举发展旅游产业,旅游扶贫成效显著。2020 年 5 月,巴马县正式退出贫困县名单,顺利实现整县脱贫摘帽,走出了一条以康养旅游带动经济社会发展、推进扶贫富民的新道路。

1. 整合外部资源系统推进

巴马是文化和旅游部定点帮扶县,自开展定点扶贫工作以来,文化和旅游部在规划编制、项目开发、品牌创建、旅游扶贫、智力支持等方面对巴马给予大力扶持和帮助。文化和旅游部高度重视巴马旅游业发展,部领导多次率队深入一线,就旅游产业发展和巴马长寿养生国际旅游区建设工作进行调研。文化和旅游部还先后在巴马举办了生态健康旅游、乡村旅游与旅游扶贫等培训班,助力当地文化和旅游人才培养。一系列主题培训班的举办,打开了巴马文化和旅游从业人员的思路,夯实了基层文化和旅游管理人员的业务基础。

巴马县与广东深圳市深化协作,进行综合改革,建设深圳巴马大健康合作特别试验区,努力将巴马打造成为国家大健康产业综合改革试验区、东西部扶贫协作的杰出典范、"飞地经济"的一面示范旗帜和粤桂合作及泛珠三角区域合作的一张亮丽名片。截至 2019 年,深圳巴马大健康合作特别试验区已落实合作项目 56 个,总投资额 623.7 亿元,其中深圳巴马科技创新大厦、华车控股等项目已开工建设,完成投资

62. 5 亿元①。

2. 规划先行完善顶层设计

在文化和旅游部的大力指导下，巴马县政府编制了《巴马县全域旅游总体规划设计》《巴马大健康产业发展规划》《巴马饮用水产业规划》，绘制了以康养旅游带动经济社会发展的路线图。

巴马立足当地自然资源、旅游资源优势，推进旅游与农业、商业、文化、扶贫等相关部门和行业的融合，通过部门联合、产业融合为旅游发展创造新的亮点和经济增长点，形成多点支撑、全面发展的"大旅游、大市场、大产业"格局。巴马县打造了"旅游 + 养生""旅游 + 农业""旅游 + 文化""旅游 + 体育"等一系列"旅游 +"融合发展新模式。

3. 创建康养品牌广泛推广

由文化和旅游部、国家中医药管理局和广西壮族自治区人民政府共同主办的"中国—东盟传统医药健康旅游国际论坛"，极大地提高了巴马的影响力和知名度，吸引众多有实力的企业到巴马投资发展。通过创建"深圳巴马大健康合作特别试验区"，巴马县与深圳市大鹏新区从党建、教育、健康、金融、旅游和产业扶贫等 6 个方面着手，构建促进高质量脱贫的协作体系。

巴马正积极创建国家级旅游业改革创新先行区、国家全域旅游示范区，推动单一景区景点的观光旅游向融合大健康的康养旅游转变。随着赐福湖国家旅游度假区、康养旅游综合体、特色小镇等一批高品质旅游目的地的开工建设，自驾车、房车、高端民宿、水疗等新型旅游业态的

---

① 广西壮族自治区人民政府，http：//www.gxzf.gov.cn/mlgxi/gxjj/fzsjqyhz_29601/t1005011.shtml。

不断入驻，定向越野、徒步、马拉松等精品体育旅游赛事的陆续举办，巴马县将会形成更多的文化和旅游发展金字招牌。

4. 龙头企业精品项目带动

通过龙头企业带动扶贫，是巴马推进旅游扶贫工作的重要方式之一。广西巴马寿乡旅游股份有限公司（以下简称"寿乡公司"）是当地龙头旅游企业，开发建设了百魔洞、百鸟岩、水晶宫、盘阳河漂流等多个景区。在推进旅游扶贫过程中，寿乡公司坚持一个景区带动一个村屯发展。水晶宫景区所在的那社乡大洛村、百魔洞景区所在的坡月村、百鸟岩景区所在的烈屯、长寿岛景区所在坡贵屯等村屯的群众每年都能从企业利润中分到资源受益金。

寿乡公司吸纳村集体资金入股，年均保底 8% 固定分红，每年给村集体分红达 120 多万元，寿乡公司的相关景区按统一规划、统一标准建成商铺，无偿提供给当地村民销售农产品、手工艺品和土特产等，平均每家商铺月收入可达 3000 元以上，寿乡公司还提供售票员、导游、船工、保安、兼职演员等多种岗位，直接吸纳当地群众约 700 人就业，人均月工资可达 2500 元以上[①]。

5. 加强培训积蓄人力资本

文化和旅游部及广西壮族自治区、市、县文旅部门多次组织相关培训，为巴马旅游提供人才支撑，积蓄脱贫"软实力"。仅 2019 年，文化和旅游部面向巴马全县基层文化和旅游工作者举办了"文化建设和旅游""基层公共文化建设""全域旅游""导游综合素质提升"等一系列主题培训班，打开了巴马文化旅游从业人员的发展思路，夯实了基层

---

① 文化和旅游部官网，https：//www.mct.gov.cn/whzx/qgwhxxlb/gx/202011/t20201123_902873.htm。

文化和旅游管理人员的业务基础。

　　巴马县积极开展旅游就业扶贫培训，即对贫困户进行针对性培训，并在景区及相关配套产业中给予一定数量的就业岗位，直接带动贫困户增收。巴马县还将培养非遗传承人与传授脱贫技能相结合，通过实施非遗文化人才培育工程，举办各类培训班，在非遗文化活态传承的同时促进旅游扶贫富民。

第四章

养老旅游目的地发展战略

经过对国内外养老目的地的发展案例进行深入分析，可以看出国外养老目的地经过长期发展已经形成很多行之有效的模式，而我国的养老目的地还处于快速增长期，尚存在诸多问题，可以借鉴国际经验并结合我国国情来提出战略思路和政策措施。

第一节 我国养老目的地发展存在的问题

一、养老目的地的组织领导体系薄弱

养老目的地发展是战略性和技术性极强的艰巨任务，通过对国内外案例的梳理我们可以发现，养老目的地有多种发展模式，并且都取得了良好的效果。因此，我国的养老目的地发展不能照搬国外的成功模式，而必须深入了解本地区实际情况，以及国内外的老龄化趋势和老年产业发展状况，经过详细研究后制定出适合本地区的养老目的地发展战略。养老目的地发展既不是民政或文化和旅游行政管理部门能够解决的问

题,也不能仅仅依靠政府的力量来建设,而必须整合多个行政管理部门的功能,并借助上级政策、企业、非营利组织、本地居民等力量,形成养老目的地发展的组织领导体系和战略合作体系,凝聚养老目的地发展的强大社会合力。

很多农村地区在大量中青年进城务工后仅剩下老人和儿童,农村的经济实力极为薄弱,不具备养老目的地的研究、规划、开发和管理能力。上级政府常常没有认识到老年产业的重要性,也未意识到养老目的地建设是一项综合性的系统工程,而将养老目的地建设的任务简单地推给民政或文化和旅游部门,最终导致许多任务无法落实。本地居民如果未能从老年人迁移中直接受益,也会因为他们引致的物价上涨、环境污染、公共服务占用等问题而产生敌对情绪,如果政府未能有效地疏导宣传,很有可能在老年迁移者和本地居民之间爆发冲突。

综上所述,养老目的地建设是一项艰巨的系统工程,必须整合形成全社会合力。但是,我国现在尚未建立起养老目的地发展的组织领导和战略合作体系,仅有民政或文化和旅游部门在呼吁却又缺乏实在的工作抓手,尚未充分调动企业、非营利组织、本地居民的力量参与到养老目的地的建设过程中去,最终制约了我国养老目的地的发展。

二、城乡二元结构下的农村基础设施和公共服务不足

中国的养老目的地发展则面临着城乡二元结构的现实背景,农村的发展水平、公共服务、基础设施、商业配套等与城市有较大的差距,老年人日常生活所依赖的交通、医疗、治安、购物、娱乐等服务严重不足,影响了老年人的生活质量和安全感。老年人从城市迁移到农村面临着两难选择,要么选择优美的农村环境,要么选择便利的城市生活。城市居民与农村居民的思想观念也有巨大的区别,导致两个群体间难以融合,甚至可能爆发矛盾冲突。我国的城乡二元结构已经成为老年季节性

迁移和农村养老目的地发展的重要制约。在此背景下，我国很多地区采用新建封闭型老年社区的方式，在农村地区嵌入一块发展水平相对较高的城市"飞地"，开发商以企业行为替代公共服务，在社区内部配套了完善交通、医疗、娱乐等服务，使老年人在农村生活的同时也能享受到城市的各种便捷服务。这固然是城乡二元结构背景下发展农村养老目的地的可行模式，但是人为割裂老年迁移者与本地居民的生活空间，既加重了两个群体间社会整合的难度，也削弱了老年人迁移对当地农村带来的正面经济效益。

三、缺乏养老目的地可持续发展管理体系

我国的养老目的地大多位于风景优美的海滨地区或者旅游景区，这些地区的生态极为脆弱，环境承载力较低，自然景观容易受到人造建筑的破坏。但是，由于农村地区的组织领导体系薄弱、基础设施配套严重不足，导致我国很多地区的养老目的地发展存在不可持续的问题。很多农村地区缺乏基本的污水和生活垃圾处理设施，老年人涌入后其产生的废弃物只能直接排入环境中。老年人口季节性波动的特征，更是加剧了旺季对于养老目的地短期的冲击。很多地区在发展养老目的地过程中缺乏统筹的规划和设计，老年社区的建设往往以破坏生态景观为代价，最终建成的整体效果凌乱不堪。养老目的地的无序建设，势必将影响养老目的地发展的长期可持续性，也不利于提高老年迁移者和农村居民的生活质量。

养老目的地可持续发展还体现在老龄化的动态管理上。很多老年社区在建设的过程中，仅考虑到为低龄健康老年人提供丰富的休闲娱乐设施，而认为这些老年人随着年龄不断增长而失能以后会自然离开社区，因此社区的医疗、护理等设施配套较少。事实上，很多老年人在迁至老年社区后会选择本地养老，而不再迁回原住地，如果他们在逐渐失能后

不能享受到医疗、护理等相应服务，会引发严重的社会问题。因此，养老目的地仅为低龄健康老年人配套休闲娱乐设施，而忽视了老龄化的动态过程，忽视了高龄老年人的医疗护理需求，是一种极为短视的做法，必将影响到养老目的地的长期可持续发展。

第二节　我国养老目的地发展的战略思路

一、综合性推动

养老目的地的发展是一项综合性的系统工程，仅靠一个政府部门或一个企业的能力是难以完成的，需要各部门的综合性推动形成合力。应该在现有民政、旅游行政管理体制的基础上，建立由地区政府负责，多部门配合的养老目的地发展大部门格局，全面解决制约老年产业快速发展的各项问题。在省、市、县各级政府推动养老目的地发展的同时，更要重视提升乡镇和行政村对于养老目的地的组织领导能力，形成各级政府相互配合的养老目的地发展综合支持体系。

养老目的地发展也绝非仅靠政府力量就能完成，国内外的成功经验显示，企业和非营利组织在养老目的地的发展过程中扮演着至关重要的角色。我国长期以来将养老服务当作一项社会福利事业，认为其应当由政府以公共服务的方式提供，导致养老服务的覆盖人群较窄、内容形式单一。低龄健康老年人为了提高生活质量而自由选择迁移到养老目的地居住，在传统的老年社会福利体系中是薄弱环节，这类养老服务具有较强的市场属性，应该积极引入企业力量进行开发，以"太阳城"为代表的美国大型农村老年社区就是企业建设农村养老目的地的成功典范。但是，养老服务业涉及老年人弱势群体，并且与政府提供的公共服务有所交叉，因此政府又不能将这个行业完全交给市场，而应该对其加强监管，同时积极引入非营利组织参与养老目的地的运营管理，以维护老年人的各项权益。美国"太阳城"在建成后完全移交给由老年人代表领导的非营利组织运营管理，就是市场化开发与非市场化运营相结合的成功案例。

养老目的地的发展还需要得到目的地居民的认同。老年人口迁移与中青年迁移不同，他们不会直接与目的地居民竞争工作岗位，还能通过房地产、餐饮、住宿、购物等方式拉动地方经济增长，增加目的地的工作岗位，提高当地居民收入。但是，也有部分当地居民在承受了老年人口迁入导致的物价上涨、公共服务挤占、环境污染等负面影响后，却未获得其带来的经济利益，就会对老年人口迁入产生不满情绪，甚至爆发矛盾和冲突。城市老年人在生活习惯、思想观念、风俗习惯等方面也与农村老年人有较大差异，也增加了两个群体间社会整合的难度。政府应该在维护社会公平、为弱势群体构筑社会安全网络、消除老年迁移者与本地居民间的矛盾、促进两个群体融合等方面发挥积极作用。

二、城乡统筹发展

我国农村地区长期劳动力外流导致"空心化"，农村剩下大量的留守老人和儿童，农村的老龄化率显著高于城市地区，这又进一步削弱了农村地区的产业发展基础，既危害了农业生产的安全，又制约了农村地区的发展和农民收入的提高。养老服务业是能够可持续发展的绿色产业，能够创造大量的就业岗位，增加农村居民的收入，改善农村地区的发展状况。老年迁移者与老年旅游者相比，居住时间相对较长，生活花费相对稳定，并愿意配套房地产投资，能够成为农村地区经济长期稳定增长的动力。国外很多农村地区已经把吸引老年人迁入当作振兴经济的重要战略，成功实现了经济发展方式和人口结构的转型升级。国内很多地区还未充分认识到养老服务业的重要性和增长潜力，对养老目的地的认识停留在养老院阶段，各级政府应该对有潜力的养老目的地进行积极宣传引导，为其规划、建设、营销、管理养老目的地提供技术支持，真正发挥老年人口季节性迁移在促进农村地区发展过程中的战略性作用。

有的观点认为老年人口迁入老龄化率已经很高的农村地区会造成老龄化问题的进一步加剧，事实上老年人口迁入农村地区后必将带动起综合养老服务业的快速发展，进而促进中青年劳动力的流入，反而能够缓解农村地区的老龄化程度。有的观点认为老年人口迁入会挤占农村地区原本已经非常薄弱的基础设施和公共服务，其实应该把老年人口迁入及其带来的税收和消费当作提升农村地区基础设施和公共服务的重要依托，美国佛罗里达州就依靠大量的老年医疗消费发展成为全国最为重要的医疗中心之一。很多老年人退休前是医生、教师、企业家、律师、艺术家等专业人员，更应该被视为促进农村地区发展的珍贵资产，通过有效的组织和管理，能够为农村地区发展发挥巨大的作用。

我国的老年人口季节性迁移面临城乡二元结构突出的背景，是我国与发达国家发展路径的重要区别，也是我国养老目的地建设的重要挑战。应当以城乡统筹发展的视角来促进农村养老目的地建设，以老年人口迁入来带动农村地区人均收入、公共服务、基础设施、思想观念的发展，以农村发展水平的提高来增强养老目的地的吸引力，最终促进城乡一体化的发展。

三、积极老龄化

老年季节性迁移者并不同于普通的老年观光旅游者，他们具有短期居民的特征，因此也不仅满足于游览旅游景区或短期居住在酒店，而是要彻底融入养老目的地的居民日常生活，并享受多元化的养老服务。旅游行为与养老行为的不同，对养老目的地与旅游目的地建设有显著的区别，旅游目的地需要提升游客旅游全过程的满意度，主要发展吃、住、行、游、购、娱等旅游相关行业，而养老目的地则要提升老年人在目的地的生活满意度，需要保障老年人实现身心健康、社会参与、人格尊严、社会关爱和自我实现等功能和权利。

1999 年世界卫生组织提出了"积极老龄化"理论以取代传统的"健康老龄化"理念，"积极老龄化"理论已经成为世界卫生组织开展老年人工作的理论基础。美国的养老目的地大多以"积极老年生活"为营销亮点，配套有体育健身、休闲娱乐、医疗照护、社会交往、志愿活动、终身教育等设施和服务，外加优美的生态环境以及宜人的气候，充分保障了老年人的积极老龄化权利。我国的养老目的地大多位于著名旅游胜地，养老目的地发展还不成熟，很多地方还在用传统建设旅游目的地的方式在发展养老目的地，重视景区设施建设而忽视生活设施发展，重视观光旅游而忽视休闲娱乐，重视个体享受而忽视社会交往，最终造成老年人在养老目的地仅能享受到舒适的住宅、优美的环境、宜人的气候，却享受不到"积极老年生活"，降低了老年人的生活质量。因此，我国养老目的地的发展，要充分考虑老年人短期居民的特征，从旅游导向转变到生活导向，配套休闲娱乐、医疗照护等设施，举办社会交流、志愿服务等活动，切实保障老年人的积极老龄化权利。

四、大众化市场

美国在 20 世纪 60 年代首次将高尔夫球场、运河景观、露天剧场等高端休闲娱乐设施纳入普通老年社区，并以相对低廉的价格向老年人出售，进而促进了养老旅游和养老目的地的快速发展，质优价廉的老年社区更是成为美国社区规划史上的一个里程碑。大量老年人的聚集，又形成了消费的规模经济，能够共同支撑起高端多元的休闲娱乐设施，进一步促进了老年季节性迁移的发展。

我国的养老目的地发展相对较晚，进行季节性迁移的老年人还集中在高收入人群。以海南三亚为例，养老住宅的单价较高，老年人因为难以贷款而需要全款买房，普通的工薪阶层往往难以承受，在他们眼中季节性迁移是可望而不可即的奢侈品。我国的老年人有着广泛的季节性迁移需求，广大的农村地区又有巨大养老目的地发展空间，通过参考美国养老目的地的大众化发展模式，以大规模购地压低地价、共享生活设施发挥规模经济、标准化建设降低成本等方式来降低住宅价格，能够挖掘我国养老目的地发展的市场潜力，真正发挥养老旅游提升老年人生活质量、促进区域经济综合发展的重要功能。

我国养老目的地发展还不应仅局限于国内目标市场。与我国相邻的日本、韩国、俄罗斯等国家老龄化问题严重，冬季气候寒冷，老年人希望能够迁移到气候温暖适宜养老的南方地区居住。这些国家的经济较为发达，老年人具有较强的消费能力，能够承担养老旅游产生的费用。马来西亚、泰国等东南亚国家为了吸引老年人迁入，出台了特殊签证安排和居住计划，产生了良好的经济社会效益。欧洲的西班牙、葡萄牙等国养老目的地的主要客源也来自英国、德国等北方国家。我国养老目的地在吸引入境老年人方面已经滞后于东南亚国家，国家应该研究针对外国老年人的签证类型和居住计划，以推动我国养老目的地的国际化发展。

五、制度创新

我国对于老年人实行属地社区管理制度，户籍制度成为我国老年人口季节性迁移的重要障碍。老年人在目的地难以享受到各种优待和福利，降低了生活满意度和安全感。全国医疗和社会保险尚未统筹，给老年人异地享受医疗服务增添了巨大困难。因此，我国老年人口养老旅游的快速发展必然要求对现在的老年人口管理制度进行创新，将与户籍挂钩的福利和优待制度改为与居民身份挂钩。有的地方需要老年人连续居住一年才能获得本地居民身份，考虑到老年人的养老旅游特性，应将连续居住的要求进行放宽。另外，还应尽快在全国实现医疗和社会保险统筹，以便于老年人异地迁移，不仅要对迁入目的地的老年人进行有效的管理，还应该创造条件让他们直接参与目的地的规划和决策，以增强其主人翁意识、鼓励其将自身特长投入到目的地的发展进程中。

现在制约我国养老目的地发展的一个重要原因是住房贷款政策对借款人的年龄设置上限，男性超过 65 岁、女性超过 60 岁以后就难以申请到住房贷款。老年人如果要在异地购房就只能采取全款支付的方式，超出大多数老年人的购买能力。参考美国养老目的地发展历程，1956 年联邦住房管理局规定老年人能够申请住房贷款后，第一个规划型养老目的地"年轻镇"也随之快速发展起来。随着我国老年人购房意愿的快速增加，可以研究出台相应的老年人住房贷款政策，以拉动老年人消费、鼓励老年人改善住房或异地迁移。

养老目的地的市场营销也应该尊重老年人迁移的规律而进行制度创新。我国养老目的地的营销推广大多参照旅游目的地来进行，在各种媒体上投放大量广告，但是最终却收效甚微。因为季节性迁移是老年人退休后做出的重要人生决策，因此对于养老目的地的选择极为慎重，仅靠简单的广告宣传难以有效说服老年人迁移到异地养老，他们更依靠亲戚朋友的亲自推荐，需要对于目的地的深入了解，也需要考虑在目的地的社会关系网络。发达国家很多行之有效的养老目的地营销手段值得我们借鉴。例如，针对冬季气候寒冷的地区重点营销，在老年人关系网络内由值得信赖的亲戚朋友直接推荐，充分利用高中校友录、企业老员工名录等数据库进行营销，针对在目的地有过居住经历和情感联系的老年人重点营销，邀请老年人先到目的地参观游览，鼓励潜在老年迁移者入住老年社区居民家庭并进行深入交流沟通等。

六、可持续发展

要促使养老旅游长期发挥良性的经济社会效益，还应实施养老目的地可持续发展战略。首先，应该在生态环境保护上推动可持续发展，宜居环境是吸引老年人养老旅游的最重要动机，如果生态环境遭到破坏，养老目的地也就无从谈起。我国大多数养老目的地位于农村或城郊，这些地区的基础设施薄弱、环境容量较小、污染物处理能力较低，在大量老年人短期迁入以后，往往难以有效处理老年人生活产生的各种废弃物，只能将其直接排入环境，而这些环境污染反过来又会影响老年人的身体健康，进而形成恶性循环。因此，应将生态环境保护放在养老目的地可持续发展的首要地位。

其次，应该从老年社区动态管理上推动可持续发展。老龄化是一个动态的过程，老年人之间表现出极为异质的特征，低龄健康老年人与高龄失能老年人、有配偶的老年人与丧偶的老年人、和子女共同居住的老年人与空巢老年人在身心需求和生活方式等方面都表现出巨大的差别，应该以差异化的方式进行管理。低龄健康老年人对社区公共服务使用较少，并进行大量休闲娱乐消费，对社区能带来正面的经济效应。而高龄失能老年人对于社区的公共服务使用较多，对社区的经济效应可能减少甚至变负。我国很多老年社区以低龄健康老年人为目标客户进行设计，配套了大量的休闲娱乐设施，但是缺乏完善的医疗照护设施，社区设施的无障碍化不足，对于这些低龄老年人在 10 ~ 20 年后变为高龄老年人时的需求难以有效应对。我国养老目的地的建设管理应当以动态视角充分考虑到老年人健康状况、居住特征、社会交往随时间推移而产生的变化。

最后，应该从养老目的地的规划设计上推动可持续发展。我国养老目的地大多缺乏详细的专项规划，传统的城市规划或旅游规划中缺少针对老年季节性迁移的专项内容，导致我国养老目的地在发展过程中重视单个项目审批却忽视区域整体功能，普遍存在项目低水平竞争、精品项目稀缺、区域整体功能不配套、养老产业多元化程度不足等问题，造成大量的养老项目占据了最优质的区位资源却未产生应有的效益，养老目的地无序发展情况突出。老年社区的发展演变是一个极其复杂的过程，涉及低龄老年人高龄化、从季节性迁移向长期定居转变、老年人社会关系网络形成、亲戚朋友和中青年服务人员迁入等问题，老龄行政管理部门和学术界应该加强对养老目的地发展的科学研究，推动养老目的地在建设前期的总体规划设计工作，促进我国养老目的地的可持续发展。

第三节　我国养老目的地发展的具体措施

推进养老目的地发展是一项系统工程，需要构建综合性的政策支持体系，表 4-1 将从提出规划、社区、社会交往、住宅、交通、医疗卫生、终身教育等七个方面，提出我国养老目的地发展的措施。

表 4-1　　　　　　　　我国养老目的地发展政策体系

类别	政策措施
规划	1. 编制《全国养老目的地发展总体规划》，规划建设全国养老目的地体系 2. 建立地区主要领导负责、多部门参与的养老目的地发展组织领导体制 3. 整合多个部门、多级政府专项资金用于养老目的地建设 4. 针对不同资源条件的养老目的地建设开展分类指导 5. 将养老产业作为拉动农村地区发展、促进城乡统筹的战略性产业 6. 将老年管理方式从依据户籍改为依据居民身份，简化获得居民身份手续 7. 在全国范围内统筹医疗和社会保险 8. 鼓励养老旅游者参与目的地发展的规划和决策 9. 积极对养老旅游的经济社会效应展开研究和评价

类别	政策措施
社区	1. 对老年社区实行老龄化动态管理 2. 研究试点限制年龄准入型老年社区 3. 鼓励老年人参与社区的规划设计过程 4. 引入非营利组织运营管理社区物业，并由老年人业主对其进行监管 5. 设立信息咨询点一站式提供社区内的所有老年服务信息 6. 从积极老龄化视角保障老年人的各项功能和权利
社会交往	1. 建设老年社区的社交活动中心并配置老年活动策划人员 2. 结合社区需求和老年人专长积极开展老年志愿服务活动 3. 鼓励开展老年迁移者与本地居民间的社会交往活动 4. 针对本地居民宣传养老目的地建设和老年产业发展的重要性
住宅	1. 针对老年人的住宅给予房产税优惠 2. 研究对符合条件的老年购房者发放住房贷款 3. 针对老年人住宅的规划设计提出标准化规范 4. 鼓励老年人以住房置换等方式进行异地养老 5. 针对老年人需求提供多种类型多种价位的住宅 6. 在自愿基础上开展住房反向抵押贷款以增加老年人收入
交通	1. 建设老年人步行和骑行的无障碍通道 2. 针对老年人驾车特点改进道路交通设施的设计 3. 开设专门针对老年人的交通安全培训课程 4. 大力发展无障碍的公共交通服务 5. 在公共交通难以到达的偏远地区发展老年人叫车服务 6. 鼓励面向老年人的志愿者交通服务
医疗卫生	1. 针对老年人宣传和开展健康生活和体育锻炼等活动 2. 积极引进老年医疗护理人员 3. 鼓励本地教育机构培养针对老年人的医疗照护服务人员 4. 鼓励本地医疗机构开展老年医疗护理相关研究 5. 加强老年人医疗急救服务 6. 鼓励老年人中的医疗工作者在目的地提供服务
终身教育	1. 增加老年社区的文化教育活动 2. 针对老年人使用信息技术展开培训 3. 老年社区与周边高校合作开设老年教育课程 4. 增加老年人与青少年的知识交流活动

第五章

养老旅游目的地指标体系

为引导全国养老旅游目的地的建设，认清发展现状，明确建设差距，确定建设要求，掌握建设内容，提升建设水平，根据有关法律法规和标准规范，本书制定了养老旅游目的地指标体系，供各地建设养老旅游目的地参考使用。

第一节 指标设置

一、指标确定

指标体系属定量性指标，以得分达标的方式进行（参见权重赋分部分）。首先，确定"养老旅游目的地指标体系"的七大子项（一级指标），即养老旅游资源、养老旅游基础设施、养老旅游服务体系、养老旅游住所、养老旅游者社会活动、养老旅游成本、养老旅游绩效。

在一级指标框架下，结合养老旅游目的地的建设要求和发展实际，细化形成二级指标 24 个，三级指标 55 个，四级指标 83 个，构建形成了养老旅游目的地评价体系的所有指标（见表5-1）。

表5-1   养老旅游目的地指标体系

一级指标	二级指标	三级指标	四级指标
养老旅游资源	自然环境	气候资源	养老旅游适游季长度
			气候相对舒适度
			日照时数
			平均温度
			海拔高度
		生态资源	森林覆盖率
			建成区绿化覆盖率
		环境质量	空气质量
			噪声质量
			土壤质量
			地表水质量
	旅游吸引力	旅游景区	5A级景区数量
			4A级景区数量
		文保单位	全国重点文物保护单位
			省级重点文物保护单位
		世界遗产	世界遗产
		非物质文化遗产	国家级非物质文化遗产
			省级非物质文化遗产
		城市风貌	文化特色
			市容整洁
	养生资源	养生文化	传统养生长寿文化
		农林牧渔产品	适游季农林牧渔产品品质
		中医药资源	中医药旅游产品体系
		温泉资源	温泉企业数量
		体育运动资源	体育旅游产品体系

一级指标	二级指标	三级指标	四级指标
养老旅游基础设施	旅游交通	区外交通	航空交通
			高铁交通
			高速公路
		区内交通	公共交通
			出租汽车
			自行车交通
			步行交通
	休闲空间	休闲空间总量	人均公园绿地面积
		休闲空间开放性	社区休闲空间开放共享
		休闲空间布局	步行15分钟范围内有公园绿地的比重
		绿道总量	每平方公里绿道长度
	社会治安	犯罪率	万人刑事案件立案数
		社会治安满意度	平安建设满意度指标
	无障碍设施	无障碍设施普及度	符合《无障碍设计规范》的建筑比重
		无障碍感知	觉得各场所无障碍进入的养老旅游者比重
养老旅游服务体系	生活服务	生活服务便捷度	步行15分钟范围内有生活服务综合体的比重
	文化娱乐	文化娱乐服务便捷度	步行15分钟范围内有文化设施的比重
		公共文化服务水平	每百人公共图书馆藏书
		公共文化服务开放性	公共文化服务是否对外地居民开放
	体育健身	体育健身服务便捷度	步行15分钟范围内有群众性体育活动场地的比重
		体育健身服务水平	人均体育场地面积
		群众体育健身基础	经常参加锻炼的人数比重
		体育健身服务开放性	公共体育健身服务是否对外地居民开放

续表

一级指标	二级指标	三级指标	四级指标
养老旅游服务体系	医疗健康	医疗服务便捷度	步行15分钟范围内有基本医疗卫生服务的比重
		医疗服务水平	人均预期寿命
			每千常住人口执业（助理）医师数
			二级以上综合医院设老年病科比例
			65岁以上老年人健康管理率
			区内是否有三级甲等医院
	长期照护	长期照护服务水平	养老服务设施人均用地面积
		长期照护服务质量	长期照护服务需求满足率
		长期照护公共服务开放性	长期照护公共服务是否对外地居民开放
	医养结合	医养结合服务水平	有需要的养老旅游者享受到基层医疗卫生机构上门服务的比重
			社区能够以不同形式为入住养老旅游者提供医疗卫生服务的比重
养老旅游住所	养老旅游住所设计	宜老化设计	养老旅游住所符合《老年人居住建筑设计规范》的比重
	养老旅游住所水平	居住舒适度	养老旅游者人均居住面积
养老旅游者社会活动	社会参与度	学习教育	经常性参与教育活动的养老旅游者比例
		志愿服务	养老旅游者中志愿者注册人数比例
		团队活动	经常参加团队性活动的养老旅游者比例
	社会包容度	市民待遇	能否给予养老旅游者享受公共服务的市民待遇
	社会联系	社会网络支持	养老旅游者遇到困难时能在目的地寻求亲友帮助的比重
		社交活动频率	每周至少参加一次社会交往活动的养老旅游者比例

一级指标	二级指标	三级指标	四级指标
养老旅游成本	居住成本	典型居住成本	养老适游季50平方米一居室平均月租金
	生活成本	典型生活成本	房租以外月平均生活成本
		社区休闲空间免费开放	社区公园绿地免费对外开放的比例
	医疗成本	基本医保异地就医结算	是否能实现跨省异地安置退休人员住院医疗费用直接结算和符合转诊规定的异地就医住院费用直接结算
	长期照护成本	典型长期照护成本	全职护工一个月服务价格
养老旅游绩效	养老旅游经济规模	养老旅游接待规模	养老旅游人数
		养老旅游产业规模	养老旅游业总收入
		养老旅游市场范围	外省养老旅游者比例
			外国养老旅游者比例
	养老旅游者满意度	分项满意度	养老旅游资源
			养老旅游基础设施
			养老旅游服务体系
			养老旅游住所
			养老旅游者社会活动
			养老旅游成本
		总体满意度	养老旅游总体满意度

二、权重赋分

邀请相关权威专家对已经确定的养老旅游目的地综合评价体系表各级指标之间的重要性进行对比研究，对指标进行量化，赋予养老旅游目的地的所有认定指标共1000分，具体赋分见表5-2。

表 5－2 　　　　　　　　　**养老旅游目的地一、二、三级指标赋分**

一级指标	赋分	二级指标	赋分	三级指标	赋分
养老旅游资源	300	自然环境	200	气候资源	150
				生态资源	20
				环境质量	30
		旅游吸引力	50	旅游景区	10
				文保单位	10
				世界遗产	10
				非物质文化遗产	10
				城市风貌	10
		养生资源	50	养生文化	10
				农林牧渔产品	10
				中医药资源	10
				温泉资源	10
				体育运动资源	10
养老旅游基础设施	100	旅游交通	30	区外交通	15
				区内交通	15
		休闲空间	50	休闲空间总量	15
				休闲空间开放性	5
				休闲空间布局	15
				绿道总量	15
		社会治安	10	犯罪率	5
				社会治安满意度	5
		无障碍设施	10	无障碍设施普及度	5
				无障碍感知	5
养老旅游服务体系	200	生活服务	20	生活服务便捷度	20
		文化娱乐	30	文化娱乐服务便捷度	15
				公共文化服务水平	10
				公共文化服务开放性	5

一级指标	赋分	二级指标	赋分	三级指标	赋分
养老旅游服务体系	200	体育健身	30	体育健身服务便捷度	10
				体育健身服务水平	10
				群众体育健身基础	5
				体育健身服务开放性	5
		医疗健康	50	医疗服务便捷度	20
				医疗服务水平	30
		长期照护	40	长期照护服务水平	10
				长期照护服务总量	20
				长期照护服务开放性	10
		医养结合	30	医养结合服务水平	30
养老旅游住所	100	养老旅游住所设计	50	宜老化设计	50
		养老旅游住所水平	50	居住舒适度	50
养老旅游者社会活动	200	社会参与度	100	学习教育	30
				志愿服务	20
				团队活动	50
		社会包容度	30	市民待遇	30
		社会联系	70	社会网络支持	35
				社交活动频率	35
养老旅游成本	50	居住成本	15	典型居住成本	15
		生活成本	10	典型生活成本	5
				社区休闲空间免费开放	5
		医疗成本	15	基本医保异地就医结算	15
		长期照护成本	10	典型长期照护成本	10
养老旅游绩效	50	养老旅游经济规模	25	养老旅游接待规模	5
				养老旅游产业规模	10
				养老旅游市场范围	10
		养老旅游者满意度	25	分项满意度	15
				总体满意度	10

参考同类标准的创建得分要求，根据旅游目的地的发展实际和发展趋势，编制组结论如下：

评价指标共 1000 分，可分为三个等级：（1）世界级养老旅游目的地：得分值域≥900 分；（2）国家级养老旅游目的地：得分值域 800~900 分；（3）区域级养老旅游目的地：得分值域 700~800 分。

第二节　评分细则

在四级指标划分基础上，对每一个指标内涵进行细分，并确定分值和评分方法。表 5-3 为养老旅游目的地评分细则。

表 5-3　　　　　　　　　　养老旅游目的地评分细则

序号	评定项目	分值	方法	得分	备注
1	养老旅游资源	300			
1.1	自然环境	200			
1.1.1	气候资源	150			
1.1.1.1	养老旅游适游季长度	20			
	6 个月及以上	20	专家打分		
	4~5 个月	15			
	2~3 个月	10			
	1 个月及以下	0			
1.1.1.2	气候相对舒适度	100			
	适游季气候舒适，在全国具有稀缺性	100	专家打分		
	适游季气候舒适，针对客源地有显著优势，但在全国不具稀缺性（3 个及以上省级行政区有类似气候）	50			
	适游季气候较为舒适，针对客源地有一定优势	20			
	适游季气候针对客源地无显著优势	0			

序号	评定项目	分值	方法	得分	备注
1.1.1.3	日照时数	10	相关资料		
	适游季月平均日照时数在 200 小时以上	10			
	适游季月平均日照时数在 150~200 小时	5			
	适游季月平均日照时数在 150 小时以下	0			
1.1.1.4	平均温度	10	相关资料		
	适游季月平均温度在 15℃以上，极端低气温高于 10℃	10			
	适游季月平均温度在 10℃以上	5			
	适游季月平均温度在 10℃以下	0			
1.1.1.5	海拔高度	10	相关资料		
	海拔高度在 2000 米以下	10			
	海拔高度在 2000 米以上	0			
1.1.2	生态资源	20			
1.1.2.1	森林覆盖率	10	相关资料		
	≥40%	10			
	40%~20%	5			
	<20%	0			
1.1.2.2	建成区绿化覆盖率	10	相关资料		
	≥40%	10			
	30%~40%	5			
	<30%	0			
1.1.3	环境质量	30			
1.1.3.1	空气质量	10	相关资料		
	空气质量优良天数≥90%	10			
	空气质量优良天数 70%~90%	5			
	空气质量优良天数 <70%	0			

序号	评定项目	分值	方法	得分	备注
1.1.3.2	噪声质量	5	相关资料		
	主要养老旅游社区噪声达到《城市区域环境噪声标准》（GB 3096 – 93）0 类标准	5			
	主要养老旅游社区噪声达到《城市区域环境噪声标准》（GB 3096 – 93）1 类标准	2			
	主要养老旅游社区噪声低于《城市区域环境噪声标准》（GB 3096 – 93）1 类标准	0			
1.1.3.3	土壤质量	5	相关资料		
	主要养老旅游社区土壤达到《土壤环境质量标准（修订）》（GB 15618 – 2008）第一级标准	5			
	主要养老旅游社区土壤达到《土壤环境质量标准（修订）》（GB 15618 – 2008）第二级标准	2			
	主要养老旅游社区土壤达到《土壤环境质量标准（修订）》（GB 15618 – 2008）第三级标准	0			
1.1.3.4	地表水质量	10	相关资料		
	达到或好于 III 类水体比例≥90%	10			
	达到或好于 III 类水体比例70% ~ 90%	5			
	达到或好于 III 类水体比例 <70%	0			
1.2	旅游吸引力	50			
1.2.1	旅游景区	10			
1.2.1.1	5A 级景区数量	7	相关资料		
	区内有 2 个及以上 5A 级景区	7			
	区内有 1 个 5A 级景区	3			
	区内无 5A 级景区	0			
1.2.1.2	4A 级景区数量	3	相关资料		
	区内有 2 个及以上 4A 级景区	3			
	区内有 1 个 4A 级景区	1			
	区内无 4A 级景区	0			

序号	评定项目	分值	方法	得分	备注
1.2.2	文保单位	10			
1.2.2.1	全国重点文物保护单位	7	相关资料		
	≥40	7			
	20~39	5			
	10~19	3			
	1~9	1			
	0	0			
1.2.2.2	省级重点文物保护单位	3	相关资料		
	≥40	3			
	10~39	2			
	1~9	1			
	0	0			
1.2.3	世界遗产	10	相关资料		
	≥1	10			
	0	0			
1.2.4	非物质文化遗产	10			
1.2.4.1	国家级非物质文化遗产	7	相关资料		
	≥5	7			
	1~5	3			
	0	0			
1.2.4.2	省级非物质文化遗产	3	相关资料		
	≥30	3			
	15~29	2			
	1~14	1			
	0	0			
1.2.5	城市风貌	10			

序号	评定项目	分值	方法	得分	备注
1.2.5.1	文化特色	5			
	人工设施、城市景观与自然环境相协调，具有浓郁乡土特色、艺术特色或设计创意	5	专家打分		
	人工设施、城市景观与自然环境较为协调，具有一定乡土特色、艺术特色或设计创意	2			
	城市风貌较为普通，不具文化特色	0			
1.2.5.2	市容整洁	5			
	市容环境整洁	5	专家打分		
	市容环境较为整洁，存在少数有待整改的地方	2			
	市容环境不整洁	0			
1.3	养生资源	50			
1.3.1	养生文化	10			
1.3.1.1	传统养生长寿文化	10			
	区内有全国著名的养生长寿传说、故事、代表人物和传统生活方式	10	专家打分		
	区内有省内著名的养生长寿传说、故事、代表人物和传统生活方式	5			
	区内无传统养生长寿文化	0			
1.3.2	农林牧渔产品	10			
1.3.2.1	适游季农林牧渔产品品质	10			
	适游季区内农林牧渔产品具有全国显著的特色和品质，在全国具有稀缺性	10	专家打分		
	适游季区内农林牧渔产品具有全省显著的特色和品质，在全国不具稀缺性	5			
	适游季区内农林牧渔产品无显著特色和品质优势	0			
1.3.3	中医药资源	10			

续表

序号	评定项目	分值	方法	得分	备注
1.3.3.1	中医药旅游产品体系	10	专家打分		
	区内形成类型丰富的中医药健康旅游产品体系	10			
	区内初步形成中医药健康旅游产品体系	5			
	区内尚无成型的中医药健康旅游产品体系	0			
1.3.4	温泉资源	10			
1.3.4.1	温泉企业数量	10	相关资料		
	区内有依据《温泉企业服务质量等级划分与评定》（LB/T 016–2011）评出的四星级或五星级温泉企业	10			
	区内有依据《温泉企业服务质量等级划分与评定》（LB/T 016–2011）评出的一星级、二星级或三星级温泉企业	5			
	区内无星级温泉企业	0			
1.3.5	体育运动资源	10			
1.3.5.1	体育旅游产品体系	10	专家打分		
	区内形成类型丰富的体育旅游产品体系	10			
	区内初步形成体育旅游产品体系	5			
	区内尚无成型的体育旅游产品体系	0			
2	养老旅游基础设施	100			
2.1	旅游交通	30			
2.1.1	区外交通	15			
2.1.1.1	航空交通	5	相关资料		
	区内有民航机场	5			
	区内无民航机场	0			
2.1.1.2	高铁交通	5	相关资料		
	区内有高铁车站	5			
	区内无高铁车站	0			

序号	评定项目	分值	方法	得分	备注
2.1.1.3	高速公路	5	相关资料		
	区内有高速公路	5			
	区内无高速公路	0			
2.1.2	区内交通	15			
2.1.2.1	公共交通	5	相关资料		包括区内城市公交和农村客运的全部车辆数,但区际长途客运除外
	每万人拥有公共汽车≥20 辆	5			
	10 辆≤每万人拥有公共汽车 <20 辆	2			
	每万人拥有公共汽车 <10 辆	0			
2.1.2.2	出租汽车	2	专家打分		
	出租汽车叫车方便、清洁卫生、服务规范、按里程表计价、不拒载、不欺诈,能满足养老旅游者需求	2			
	出租汽车基本能满足养老旅游者需求,但存在少数服务不规范之处	1			
	存在显著的拒载和欺诈现象	0			
2.1.2.3	自行车交通	3	专家打分		
	主要道路设有自行车专用道,路面平整、选线合理、环境舒适	3			
	主要道路设有自行车专用道,但部分路段与机动车道无分隔	2			
	多数路段与机动车混行,但机动车较少,道路环境适宜	1			
	多数路段与机动车混行,机动车较多,道路环境一般	0			
2.1.2.4	步行交通	5	专家打分		
	主要道路设有步行专用道,环境舒适、路面平整,可全程无障碍通行	5			
	主要道路设有步行专用道,但部分路段不能无障碍通行	3			
	部分路段人车混行	1			
	多数路段人车混行	0			

序号	评定项目	分值	方法	得分	备注
2.2	休闲空间	50			
2.2.1	休闲空间总量	15			
2.2.1.1	人均公园绿地面积	15	相关资料		仅统计面向社会公众开放的公园绿地
	≥15 平方米	15			
	10~15 平方米	10			
	5~10 平方米	5			
	<5 平方米	0			
2.2.2	休闲空间开放性	5			
2.2.2.1	社区休闲空间开放共享	5	专家打分		
	大多数社区为开放式住宅小区，能够向社会开放共享社区内休闲空间和设施	5			
	大多数社区为封闭式住宅小区，不能向社会开放共享社区内休闲空间和设施	0			
2.2.3	休闲空间布局	15			
2.2.3.1	步行15分钟范围内有公园绿地的比重	15	旅游者调查		
	养老旅游者步行15分钟范围内有公园绿地的比重乘以分值为得分				
2.2.4	绿道总量	15			
2.2.4.1	每平方千米绿道长度	15	相关资料		符合《绿道旅游设施与服务规范》(LB/T 035 - 2014)的绿道长度
	≥1 千米	15			
	0.2~1 千米	10			
	0.1~0.2 千米	5			
	0.01~0.1 千米	3			
	<0.01 千米	0			
2.3	社会治安	10			
2.3.1	犯罪率	5			

序号	评定项目	分值	方法	得分	备注
2.3.1.1	万人刑事案件立案数	5	相关资料		
	<0.003 件	5			
	0.003~0.01 件	2			
	≥0.01 件	0			
2.3.2	社会治安满意度	5	相关资料		
2.3.2.1	平安建设满意度指标	5			
	平安建设满意度得分除以100后乘以分值为得分				
2.4	无障碍设施	10			
2.4.1	无障碍设施普及度	5	专家打分		《无障碍设计规范》（GB 50763 - 2012）
2.4.1.1	符合《无障碍设计规范》的建筑比重	5			
	典型养老旅游者的生活空间中，符合《无障碍设计规范》的建筑比重乘以分值为得分				
2.4.2	无障碍感知	5	旅游者调查		
2.4.2.1	觉得各场所无障碍进入的养老旅游者比重	5			
	相应比重乘以分值为得分				
3	养老旅游服务体系	200			
3.1	生活服务	20			
3.1.1	生活服务便捷度	20			
3.1.1.1	步行15分钟范围内有生活服务综合体的比重	20	旅游者调查		
	养老旅游者步行15分钟范围内有生活服务综合体的比重乘以分值为得分				
3.2	文化娱乐	30			
3.2.1	文化娱乐服务便捷度	15			
3.2.1.1	步行15分钟范围内有文化设施的比重	15	旅游者调查		
	养老旅游者步行15分钟范围内有文化设施的比重乘以分值为得分				
3.2.2	公共文化服务水平	10			

序号	评定项目	分值	方法	得分	备注
3.2.2.1	每百人公共图书馆藏书	10	相关资料		
	≥100 册	10			
	50~100 册	7			
	20~50 册	3			
	<20 册	0			
3.2.3	公共文化服务开放性	5	专家打分		
3.2.3.1	公共文化服务是否对外地居民开放	5			
	开放	5			
	不开放	0			
3.3	体育健身	30			
3.3.1	体育健身服务便捷度	10	旅游者调查		
3.3.1.1	步行 15 分钟范围内有群众性体育活动场地的比重	10			
	养老旅游者步行 15 分钟范围内有群众性体育活动场地的比重乘以分值为得分				
3.3.2	体育健身服务水平	10	相关资料		
3.3.2.1	人均体育场地面积	10			
	>2.3 平方米	10			
	1.8~2.3 平方米	7			
	1~1.8 平方米	3			
	0~1 平方米	0			
3.3.3	群众体育健身基础	5	相关资料		
3.3.3.1	经常参加锻炼的人数比重	5			
	≥40%	5			
	30%~40%	4			
	20%~30%	2			
	<20%	0			

序号	评定项目	分值	方法	得分	备注
3.3.4	体育健身服务开放性	5			
3.3.4.1	公共体育健身服务是否对外地居民开放	5	专家打分		
	开放	5			
	不开放	0			
3.4	医疗健康	50			
3.4.1	医疗服务便捷度	20			
3.4.1.1	步行15分钟范围内有基本医疗卫生服务的比重	20	旅游者调查		
	养老旅游者步行15分钟范围内有基本医疗卫生服务的比重乘以分值为得分				
3.4.2	医疗服务水平	30			
3.4.2.1	人均预期寿命	5	相关资料		
	≥80岁	5			
	75~80岁	3			
	70~75岁	1			
	<70岁	0			
3.4.2.2	每千常住人口执业（助理）医师数	3	相关资料		
	≥3.0人	3			
	2.5~3.0人	2			
	2.0~2.5人	1			
	<2.0人	0			
3.4.2.3	二级以上综合医院设老年病科比例	3	相关资料		
	≥50%	3			
	35%~50%	2			
	20%~35%	1			
	<20%	0			

序号	评定项目	分值	方法	得分	备注
3.4.2.4	65岁以上老年人健康管理率	4	相关资料		
	≥90%	4			
	70%~90%	3			
	50%~70%	2			
	30%~50%	1			
	<30%	0			
3.4.2.5	区内是否有三级甲等医院	15	相关资料		
	是	15			
	否	0			
3.5	长期照护	40			
3.5.1	长期照护服务水平	10			
3.5.1.1	养老服务设施人均用地面积	10	相关资料		
	>0.2平方米	10			
	0.1~0.2平方米	7			
	0.05~0.1平方米	3			
	<0.05平方米	0			
3.5.2	长期照护服务质量	20			
3.5.2.1	长期照护服务需求满足率	20	旅游者调查		
	具有长期照护服务需求的养老旅游者中接受长期照护服务的比重乘以分值为得分				
3.5.3	长期照护公共服务开放性	10			
	长期照护公共服务是否对外地居民开放	10	专家打分		
	开放	10			
	不开放	0			
3.6	医养结合	30			
3.6.1	医养结合服务水平	30			

续表

序号	评定项目	分值	方法	得分	备注
3.6.1.1	有需要的养老旅游者享受到基层医疗卫生机构上门服务的比重	15	旅游者调查		
	相应比重乘以分值为得分				
3.6.1.2	社区能够以不同形式为入住养老旅游者提供医疗卫生服务的比重	15	相关资料		
	相应比重乘以分值为得分				
4	养老旅游住所	100			
4.1	养老旅游住所设计	50			
4.1.1	宜老化设计	50			
4.1.1.1	养老旅游住所符合《老年人居住建筑设计规范》的比重	50	专家打分		《老年人居住建筑设计规范》(GB 50340–2016)
	相应比重乘以分值为得分				
4.2	养老旅游住所水平	50			
4.2.1	居住舒适度	50			
4.2.1.1	养老旅游者人均居住面积	50			
	≥50平方米	50			
	40~50平方米	40	旅游者调查		
	30~40平方米	30			
	20~30平方米	20			
	10~20平方米	10			
	5~10平方米	5			
	<5平方米	0			
5	养老旅游者社会活动	200			
5.1	社会参与度	100			
5.1.1	学习教育	30			

序号	评定项目	分值	方法	得分	备注
5.1.1.1	经常性参与教育活动的养老旅游者比例	30	相关资料		
	≥40%	30			
	20%~40%	20			
	10%~20%	10			
	<10%	0			
5.1.2	志愿服务	20			
5.1.2.1	养老旅游者中志愿者注册人数比例	20	相关资料		
	≥20%	20			
	10%~20%	10			
	5%~10%	5			
	<5%	0			
5.1.3	团队活动	50			
5.1.3.1	经常参加团队性活动的养老旅游者比例	50	旅游者调查		
	相应比重乘以分值为得分				
5.2	社会包容度	30			
5.2.1	市民待遇	30			
5.2.1.1	能否给予养老旅游者享受公共服务的市民待遇	30	专家打分		
	能	30			
	否	0			
5.3	社会联系	70			
5.3.1	社会网络支持	35			
5.3.1.1	养老旅游者遇到困难时能在目的地寻求亲友帮助的比重	35	旅游者调查		
	相应比重乘以分值为得分				
5.3.2	社交活动频率	35			
5.3.2.1	每周至少参加一次社交活动的养老旅游者比例	35	旅游者调查		
	相应比重乘以分值为得分				

序号	评定项目	分值	方法	得分	备注
6	养老旅游成本	50			
6.1	居住成本	15			
6.1.1	典型居住成本	15			
6.1.1.1	养老适游季50平方米一居室平均月租金	15	旅游者调查		
	<1000元	15			
	1000~3000元	10			
	3000~5000元	5			
	≥5000元	0			
6.2	生活成本	10			
6.2.1	典型生活成本	5			
6.2.1.1	房租以外月平均生活成本	5	旅游者调查		
	<1000元	5			
	1000~3000元	3			
	3000~5000元	1			
	≥5000元	0			
6.2.2	社区休闲空间免费开放	5			
6.2.2.1	社区公园绿地免费对外开放的比例	5	专家打分		
	相应比重乘以分值为得分				
6.3	医疗成本	15			
6.3.1	基本医保异地就医结算	15			
6.3.1.1	是否能实现跨省异地安置退休人员住院医疗费用直接结算和符合转诊规定的异地就医住院费用直接结算	15	相关资料		
	是	15			
	否	0			
6.4	长期照护成本	10			
6.4.1	典型长期照护成本	10			

序号	评定项目	分值	方法	得分	备注
6.4.1.1	全职护工一个月服务价格	10			
	<3000元	10	旅游者调查		
	3000~5000元	7			
	5000~8000元	3			
	≥8000元	0			
7	养老旅游绩效	50			
7.1	养老旅游经济规模	25			
7.1.1	养老旅游接待规模	5			
7.1.1.1	养老旅游人数	5			
	≥50万人	5	相关资料		
	30~50万人	3			
	10~30万人	1			
	<10万人	0			
7.1.2	养老旅游产业规模	10			
7.1.2.1	养老旅游业总收入	10			
	≥100亿元	10	相关资料		
	50亿~100亿元	7			
	10亿~50亿元	3			
	<10亿元	0			
7.1.3	养老旅游市场范围	10			
7.1.3.1	外省养老旅游者比例	5			
	≥80%	5	相关资料		
	50%~80%	3			
	30%~50%	1			
	<30%	0			

序号	评定项目	分值	方法	得分	备注
7.1.3.2	外国养老旅游者比例	5	相关资料		
	≥10%	5			
	5%~10%	3			
	1%~5%	1			
	<1%	0			
7.2	养老旅游者满意度	25			
7.2.1	分项满意度	15			
7.2.1.1	养老旅游资源	5	旅游者调查		
	相应满意度乘以分值为得分				
7.2.1.2	养老旅游基础设施	1			
	相应满意度乘以分值为得分				
7.2.1.3	养老旅游服务体系	2			
	相应满意度乘以分值为得分				
7.2.1.4	养老旅游住所	1			
	相应满意度乘以分值为得分				
7.2.1.5	养老旅游者社会活动	5			
	相应满意度乘以分值为得分				
7.2.1.6	养老旅游成本	1			
	相应满意度乘以分值为得分				
7.2.2	总体满意度	10			
7.2.2.1	养老旅游总体满意度	10	旅游者调查		
	相应满意度乘以分值为得分				

下篇

养老机构机制改革
与分类管理

我国人口老龄化发展迅速，失能、半失能老年人持续增加，照料和护理问题日益突出，在空巢家庭增加、家庭养老功能弱化的背景下，对专业化养老机构的需求与日俱增。

　　为了保障残疾、失能老年人的机构养老服务需求，我国大力推进养老服务设施建设，2021 年底全国养老服务机构床位数已达到 815.9 万张①。"十三五"期间，全国各类养老服务机构（包括养老机构、社区养老服务机构）和设施从 11.6 万个增加到 32.9 万个，床位数从 672.7 万张增加到 821 万张，居家社区养老服务发展迅速，机构养老服务稳步推进，普惠养老专项行动顺利实施②。

　　"十四五"时期，我国养老服务床位总量将达到 900 万张以上，新建城区、新建居住区配套建设养老服务设施达标率达到 100%，乡镇（街道）层面区域养老服务中心建有率达到 60%，与社区养老服务机构功能互补，构建"一刻钟"居家养老服务圈③。

　　我国对养老机构实施分级分类管理，明确各类养老机构的功能定位，出台了相应扶持政策和监管办法。2020 年民政部出台了《养老机构管理办法》，规范了对养老机构的管理，调动了社会资本进入养老服务领域积极性，改善了养老服务供求关系，有效促进了养老服务业健康发展。

　　但是，我国学术界对养老机构机制改革和分类管理的理论研究还相对薄弱，对养老机构的研究主要集中在现状特征、需求预测、制约因素、扶持政策等方面（高晓路，2013；冯占联等，2012），在养老服务

---

　　①　民政部.2021 年民政事业发展统计公报［R］.北京：民政部，2022.
　　②③　国务院."十四五"国家老龄事业发展和养老服务体系规划［R］.北京：国务院，2021.

的公共属性理论分析、养老服务的制度框架和供应模式、养老服务的类型划分和分类管理、养老服务的服务标准和质量评估、养老服务的发展战略和改革政策等方面尚缺乏深入的理论和实证研究。

发达国家进入老龄化社会较早，在养老机构公共服务功能、分类理论、服务标准、公共政策等方面积累了较多成功经验。例如，诺顿（Norton，2000）运用卫生经济学理论探讨了养老服务公共属性和养老机构分类理论。凯等（Kaye et al.，2010）系统研究了美国养老机构的组织结构和资金来源。奎内尔瓦莱等（Quesnel‐Vallée et al.，2011）对美国和加拿大的老年长期照护体系进行了对比研究。美国卫生统计中心出版的《美国长期照护服务概览2013》（Harris‐Kojetin et al.，2013）详尽分析了美国养老机构的类别划分、组织结构、人员构成、服务类别。美国退休者协会针对美国各州的养老机构空间分布、服务类别、价格水平、服务质量等进行了对比研究（Houser et al.，2012）。柯尔斯滕等（Kirsten et al.，2012）在提交美国国会的研究报告中对养老服务需求进行了预测，并分析了政府、医保基金、保险公司、慈善机构、个人等应承担的费用结构。经济合作与发展组织（OECD）出版的报告《需要帮助》对比研究了34个成员老年长期照护服务的发展趋势、面临挑战、资金来源、人员保障和扶持政策等（Colombo et al.，2011），而经合组织和欧盟委员会共同出版的报告《老年的美好生活》则侧重研究了监测并提升养老服务质量的理论和方法（OECD，2013a）。威纳（Wiener，2013）提出了扶持美国养老机构发展的综合政策方案。

本篇将充分借鉴发达国家养老机构发展的理论成果及实践经验，并结合中国养老机构的实际情况，研究养老机构机制改革和分类管理理论问题。本篇主要包括五章，第六章着重研究经济社会发展对养老服务需求的影响，第七章着重研究养老服务的公共属性及供给模式，第八章着重研究养老服务的类型及功能定位，第九章着重研究养老机构的服务质量标准及评估体系，第十章着重研究养老机构改革发展的战略体系。

第六章

养老机构发展的经济社会背景

养老服务需求的产生离不开各国的经济社会发展宏观背景，从世界主要国家的发展态势来看，老龄化及其引致的养老服务问题呈现出很大程度的相似性，以下将简要叙述世界影响养老服务需求的五大宏观发展趋势。

第一节　人口老龄化和高龄化引致需求快速增长

养老服务需求最终是由老年人的健康状况决定的，包括心理健康和生理健康，而健康状况又与年龄密切相关（Norton，2000）。在传统社会里预期寿命较低，人们在步入老龄阶段后存活年限较少，老年人占总人口的比重较低，因此对于养老服务的需求有限。随着人口结构的转型，人口的生育率持续下降、预期寿命不断提升，人口老龄化和高龄化成为各国的普遍现象，人一生中预期处于残疾、失能和半失能状态的年限增加，因此对于养老服务的需求也迅速增长。由于养老服务需要长期持续性的照护，人口老龄化和高龄化对养老服务的冲击远远大于对医疗服务的冲击。

联合国统计并预测了世界上主要国家的老年人口，表 6-1 为 2015～2100 年中国和世界主要发达国家老年人口比重。根据《世界人口展望2015》的人口统计数据，2005 年以前中国的老龄化率（60 岁以上人口比重）是低于世界平均水平的，2005 年以后中国老龄化率就迅速提升，在超过世界平均水平以后，又相继超过了美国、英国、法国等发达国家，最终老龄化率稳定在 40% 左右，老龄化率和高龄化率在全世界都属于较高的国家（United Nations，2015）。

表 6-1　　2015～2100 年中国和世界主要发达国家老年人口比重　　单位：%

国别	2015 年		2050 年		2100 年	
	60 岁以上	80 岁以上	60 岁以上	80 岁以上	60 岁以上	80 岁以上
日本	33.1	7.8	42.5	15.1	40.9	18.5
英国	23.0	4.7	30.7	9.7	35.1	13.7
德国	27.6	5.7	39.3	14.4	39.7	16.2
法国	25.2	6.1	31.8	11.1	35.9	14.7
美国	20.7	3.8	27.9	8.3	32.6	11.5
中国	15.2	1.6	36.5	8.9	39.6	16.5
世界	12.3	1.7	21.5	4.5	28.3	8.4

资料来源：United Nations. World Population Prospects：The 2015 Revision［R］. New York：United Nations，2015.

中国的高龄老人比重（80 岁以上人口比重）自 1950 年以来就一直低于世界平均水平，到 2015 年该比例上升到 1.6%，逐步接近并超过世界平均水平。到 2050 年中国的高龄老人所占比重将达到 8.9%，到2100 该比例更是高达 16.5%，不仅远远高于世界平均水平，也高于大部分发达国家，将给中国养老服务业的发展带来巨大挑战。根据联合国人口署的预测，2050 年我国 80 岁以上高龄老年人将达 1.21 亿人，2100年进一步增长到 1.66 亿人（United Nations，2015）。

　　高龄老年人的失能率较高、增长速度较快，构成了人群中对养老服务需求最大、增长速度最快的部分。除了满足高龄老年人需求以外，我国养老照护服务体系还需满足低龄失能老年人和非老年残疾人的需求。

　　根据经济合作与发展组织（OECD）的《健康统计概览2013》，如表6-2所示，经济合作与发展组织成员65岁以上的老年人中平均有12.7%的老年人接受正式养老服务[①]，其中接受机构养老服务的老年人约占4.1%，接受居家正式养老服务的老年人约占8.7%（OECD，2013b）。从中国的发展来看，2022年末全国共有养老服务床位822.3万张，约占全国60岁以上老年人口数的2.9%，即使不考虑床位空置率，机构养老服务覆盖率也低于各发达国家（国家统计局，2023）。

表6-2　　中国和主要发达国家老年人中接受正式养老服务的比重　　单位：%

国别	机构养老服务	居家养老服务	总计
日本	3.0	9.8	12.8
德国	3.9	7.8	11.7
法国	4.3	6.9	11.2
美国	3.7	2.7	6.4
OECD 国家	4.1	8.7	12.7
中国	2.9	—	—

　　注：OECD国家为65岁以上老年人比重，统计时间为2011年；中国为养老服务床位数与60岁以上老年人比值，统计时间为2022年。

　　资料来源：经济合作与发展组织《健康统计概览2013》、国家统计局《中华人民共和国2022年国民经济和社会发展统计公报》。

　　如图6-1所示，2022年我国每千名65岁以上老年人平均拥有养老床位数为39.2张（国家统计局，2023），低于大部分发达国家的2017

---

　　①　正式养老服务是指所有由正式养老服务人员提供的专业养老服务。非正式养老服务主要是指家庭成员提供的非专业养老服务，也包括其他非正式养老服务人员提供的养老服务。

年水平，但高于美国和日本（OECD，2019）。但考虑到美国和日本有较为发达的居家正式养老服务体系，因此我国的养老服务水平与各主要发达国家还有一定差距。

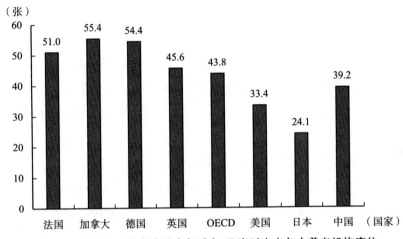

图6-1 中国和主要发达国家每千名65岁以上老年人养老机构床位

注：OECD国家统计时间为2017年；中国统计时间为2022年。
资料来源：经济合作与发展组织《健康统计概览2019》、国家统计局《中华人民共和国2022年国民经济和社会发展统计公报》。

综上所述，我国的人口老龄化率和高龄化率增势迅速，但是现状养老服务水平与发达国家相比又有较大差距、历史欠账较多，因此对我国未来的养老服务供给提出了挑战。

第二节 老年人口抚养比提高导致服务人员较为紧缺

养老服务需求的不断增长，要求服务供给也随之快速增长，以保障养老服务覆盖率和服务质量。从发达国家的经验来看，2011年经济合作与发展组织成员每100个65岁以上老年人需要3.6个机构养老服务人员和 3.2 个居家养老服务人员，随着老年人对于养老服务质量要求的提升，该比例还会进一步提高，最终导致养老服务人员在就业总人数中的比重上升，例如，2000~2011 年，日本的养老服务就业人员增长了 1.27 倍，而同期社会总就业人员数还减少了 2.4%。2001~2011 年德国的养老服务就业人员增长了 45.8%，而同期社会总就业人数仅增长了 8.8%（OECD，2013b）。预计到 2050 年，日本和德国养老服务就业人数占社会总就业人数的比重将分别达到 3.9% 和 3.1%（Colombo et al.，2011）。

在对养老服务人员需求不断增加的同时，服务人员供给却受制于劳动年龄人口比重的制约。从世界各国的发展趋势来看，25~64 岁的劳动年龄人口增长率均低于 65 岁以上的老年人口增长率，因此反映两者比值的老年潜在赡养比不断下降（OECD，2019）。

从表 6-3 可以看出，中国的老年潜在赡养比从较高水平不断下降，逐渐低于世界平均水平和部分发达国家，最终稳定在较低水平。老年潜在赡养比下降，意味着劳动年龄人口相对于老年人口在减少，在养老服务需求不断增长的同时，可能提供养老服务的劳动年龄人口却相对不足，可能导致养老服务覆盖面过小，也有可能导致养老服务价格过高，最终成为制约养老机构发展的瓶颈因素。

表 6-3　　1950~2100 年中国和世界主要发达国家老年潜在赡养比

国别	1950 年	1970 年	1990 年	2010 年	2020 年	2040 年	2060 年	2080 年	2100 年
日本	8.2	7.2	4.6	2.4	1.8	1.3	1.1	1.1	1.1
英国	4.9	3.7	3.2	3.2	2.8	2.1	1.7	1.6	1.5
德国	5.5	3.7	3.7	2.7	2.5	1.6	1.5	1.5	1.4
法国	4.5	3.6	3.6	3.1	2.4	1.7	1.6	1.4	1.3
美国	6.1	4.4	4.0	4.1	3.1	2.3	2.0	1.7	1.7
中国	9.9	9.8	7.8	7.0	4.9	2.2	1.5	1.5	1.4
世界	8.4	7.4	6.8	6.3	5.3	3.5	2.7	2.4	2.1

注：老年潜在赡养比 = 25~64 岁人口数 ÷ 65 岁以上人口数。
资料来源：联合国《世界人口展望 2019》。

第三节　养老服务支出快速增长需要寻找资金来源

养老服务需求的快速持续增长，以及老年人对于服务质量要求的不断提高，必将引致养老服务支出的快速增长。这种支出增长来源于两个方面：一方面，养老服务供给增加将会带来服务支出成本的增加；另一方面，由于养老服务供小于求，必将引致养老服务价格的提高，进而增加了单位养老服务的成本。

2011 年经济合作与发展组织成员国养老公共服务支出约占 GDP 的 1.65%（OECD，2013b），考虑到各国家庭非正式养老服务的持续减少，老年人将更加依赖于公共服务，据预测到 2050 年时这个比重至少会翻倍。养老服务支出的增长率将持续高于 GDP 的增长率，因此为养老服务寻找充足的资金来源和付费渠道显得至关重要。从我国的实际情况来看，由于养老服务的覆盖范围、照护内容、服务质量等均与发达国家有一定差距，因此养老公共服务支出占 GDP 比重应低于经济合作与发展组织成员，但由于老龄化速度较快、历史欠账较多等原因，可能在未来迎来成本支出快速增长期，并最终稳定在较高水平，因此要求开创出符合我国国情的资金来源和付费模式。

第四节　家庭非正式养老服务的作用不断下降

老年人的居住方式一般而言可以分为四种，分别为独居、仅与配偶居住、与子女或其他亲属居住、住在养老机构。在传统社会中，与成年子女或其他亲属共同生活是老年人最主要的居住模式，占据了较高的比重。但是，从家庭结构的发展来看，家庭规模小型化是各国共同的趋势，我国的家庭户平均规模从 1982 年的 4.43 人（国家统计局，1985）下降到 2021 年的 2.77 人（国家统计局，2022）。老年人居住方式也随之发生变化，与子女或其他亲属共同居住的比重下降，其他三种居住方式的比重上升。

随着老年人与子女共同居住的比重下降，或者即使与子女住在一起，子女也因为工作繁忙而无暇顾及照护，因此来自子女的非正式照护服务也越来越少，失能老年人只能依靠来自配偶的非正式照护服务，或者依靠政府或市场提供的正式照护服务。失能老年人配偶的身体机能也处于持续的衰退过程中，很多甚至处于失能或半失能状态，而且大多数配偶并未受过专业的照护服务训练，因此正式养老服务对于老年人来说就显得越来越重要。

家庭非正式养老服务作用的下降，并不说明居家养老功能的减弱，家庭仍然是老年人最为舒适的生活环境。从各国的发展趋势来看，居家养老的功能在不断增强，经济合作与发展组织成员国 65 岁以上的养老服务对象中，居家养老的比重从 2000 年的 58.0%（OECD，2013b）上升到 2019 年的 68.2%（OECD，2022）。政府面向居家的老年人提供正式养老服务，能够在缩减成本的同时提升老年人的满意度。

第五节　政府应该创新养老服务提供方式

养老服务需求的剧增确实给照护服务供给提出了严峻的挑战，但是我们不应将老龄化看作社会问题，而应将其视为社会发展的正常结果。经济社会发展在要求我们提供更多更好的养老服务的同时，也提供了许多增加养老服务供给的办法。发达国家的经验证明，养老服务的发展趋势和影响效应是可以预测的，我们也有足够多的手段方法可以提前积极应对。表 6-4 为提供养老照护服务的机遇和挑战。

表 6 - 4 提供养老照护服务的机遇和挑战

挑战	机遇
老龄化带来政府税收减少	信息技术有利于拓展老年人社会关系网络
劳动者老龄化导致就业人数下降	新型商业模式给养老市场带来创新活力
养老照护服务的公共支出增加	发展养老产业能刺激消费、促进经济增长
建设宜老环境投资巨大	建设宜居环境和宜老城市能造福所有居民
家庭非正式养老功能弱化	智慧养老全面提升养老服务效率和质量
老年人对照护服务质量要求提高	老年人财产和收入水平不断提升

资料来源：作者根据相关资料整理得出。

　　因此，在制定养老服务发展战略的过程中，我们应当充分利用信息技术革命和商业模式创新带来的发展机遇，利用老年人财产积累增加和支付能力提升的有利优势，统筹医疗服务、非正式养老服务、机构养老服务等服务体系，创新养老服务的商业模式和供给方式，构建养老服务发展的战略体系。

第七章

养老服务公共属性及供给模式

本章将对养老服务的公共属性进行经济学理论分析，并借鉴发达国家养老服务的供应模式和资金来源方案，确定养老服务的内涵和外延，明确养老公共服务的概念，清晰界定政府养老基本公共服务保障的覆盖范围、政府职能和准入政策等。有利于政府部门更好地发挥公共服务职能，将有限的公共资金用于覆盖最为弱势的老年群体，保障社会的公平与效率。

第一节 养老服务的经济学分析

养老服务的内涵指为因慢性病、残疾、受伤、认知和心理因素而失能的老年人提供的一系列健康、个人照护和支持性服务，以使老年人保持或达到一定程度的生理功能和生活质量。养老服务外延包括"日常生活活动"（吃饭、洗澡、穿衣等基本生理活动）、"工具性日常生活活动"（家务、购物、做饭、交通等维持生活独立性的活动）和医疗护理等方面的服务。

一、养老服务的基本特征

养老服务与医疗服务有很多近似之处，例如都面向有慢性病、残疾或失能的老年人，都包含医疗照护服务，都需要相应的专业技能，都具有公共服务属性等。因此，在很多国家养老服务与医疗服务由卫生行政部门统一管理，或者养老服务被纳入公共医疗补助制度（例如美国的Medicaid 医疗补助方案）。但是，养老服务与医疗服务相比又有许多显著的特征，主要包括以下六大方面（Norton，2000）。

从需求特征来看，养老服务以照护慢性病人和残疾人为主，而并非治疗急性疾病。由于照护对象的健康状况处于持续恶化的进程中，养老服务的持续时间一般较长，常常需要持续照护到对象的生命终点。因此，养老服务产生的成本会随着照护时间的延长而持续累加，可能对公共财政和老年人家庭造成沉重负担。养老服务与医疗服务相比具有长期生活服务的特征，因此医疗服务中并不首先考虑的个人尊严、病人隐私、社会关系、社区服务、家庭照护等问题，在养老服务中成为了影响生活满意度的关键因素。

从供给特征来看，养老机构与医院相比投资相对较少，对自有资本要求较低，对专业医疗护理设备要求较少，对劳动者的专业技能要求较低，且机构的规模经济没有医院那么明显，因此养老机构的进入门槛比医院更低。在政府管制不严，不存在进入制度壁垒的前提下，养老机构能够以较小的规模启动，更为具有完全竞争市场的特征。

从市场主体来看，医院大多是非营利性机构，政府部门通过加强监管来保障医疗服务质量、体现医疗服务的公益属性。而在一个成熟的老龄化社会中，养老机构以营利性机构为主，政府较少直接提供养老服务，而更多地以购买服务的方式来体现养老服务的公益属性。营利性机构有更强的内生动力来满足客户需求、提升服务质量、增加服务供给。

政府监管监管既要放宽准入以营造竞争性的市场环境，又要加强监管以保障服务质量并体现公共属性。

从市场竞争来看，养老服务业与医疗服务业相比技术门槛更低、市场信息披露更完全，因此市场竞争也就更激烈。养老服务的技术性比医疗服务弱，因此有更多的近似替代产品。养老服务质量更容易被老年人客观地评价，进而与其他服务者横向对比。老年人有更多的机会搜寻养老机构信息，有更多的时间比较价格和服务质量，并且能够向更多人咨询，进而做出更理性的决策。

从家庭功能来看，由于医疗服务的专业性较强，在医疗服务的过程中家庭成员能够发挥的作用较小，更多的是发挥辅助配合的作用。在养老服务的过程中，家庭则能发挥至关重要的作用。首先，家庭成员提供的非正式养老服务是养老服务的基础，一般而言，老年人只有在家庭成员无力提供非正式服务时，才会转而寻找正式养老服务。其次，家庭是老年人首选的养老场所，居家养老成本显著低于机构养老，是各国最主要的养老方式，因此很多正式养老服务也在家庭内进行，政府以提供现金补贴、派遣护理人员等方式保障公共服务。

从覆盖范围来看，一般而言，绝大部分国家的公共医疗保险覆盖范围已比较全面，其公共属性获得了广泛认可，能够实现医疗公共服务的"普遍服务"。而建立养老服务社会保险体系的国家则相对较少，社会对于养老服务公共属性的认可度还需进一步提升，很多老年人难以享受到养老服务的"普遍服务"，养老服务私人保险普及率较低则进一步加剧了老年人失能后面临的财务风险。

二、养老服务的公共属性

养老服务不同于餐饮、娱乐、零售等完全市场化的服务，而是具有较强的公共物品属性，因此不能放任市场自主决定供需关系，政府必须在养老服务的供给过程中主动承担公共服务职能。事实上，养老服务在大部分发达国家被视为公共服务而受到政府资助。经济学对于养老服务公共属性的论述主要来自以下三个方面：

首先，如果缺乏政府提供的养老公共服务，而市场上的正式养老服务价格又较高，那么失能老年人必然依靠家庭成员来提供非正式养老服务，随着老年人失能程度的不断提升，养老服务所需要耗费的时间和精力也随之增加。最初可能会占用家庭成员的休闲时间，降低其生活质量，到某一临界点以后可能会导致家庭成员退出劳动力市场，全职提供养老服务，占用了社会宝贵的劳动力资源，给居民生活质量和劳动力市场状况带来负面冲击。

其次，正式养老服务的成本是高昂的，超过了绝大多数老年人的承担能力。根据经济合作与发展组织成员国的研究，如果没有公共补贴，较低强度照护服务（每月照护时间低于 43 小时）的成本能占到收入最低 1/5 老年人可支配收入的 90% 以上，但一半左右的老年人对于照护服务成本还是有较强承受能力的。但是，较高强度照护服务（每月照护时间 108 小时）的成本能占到 80% 以上老年人可支配收入的 75% 以上，其中至少有 40% 老年人的养老支出将会大于收入（cdombo et al.，2011）。从上述数据可以看出，大部分老年人对于低强度养老服务有一定的承受能力，但即使是相对富裕的老年人，如果没有公共补贴而接受高强度养老服务，高昂的成本也是足以致贫的，养老服务支出会迅速耗尽老年人的毕生积蓄，并导致老年人的正常生活难以为继（Colombo et al.，2011）。养老服务支出常常成为老年人所面临的最大财务风险，需要政府以直接提供服务、老年人共摊风险、建立养老服务社会保险等方式解决。

最后，在完全竞争的市场条件下，企业通过提高产品质量和劳动生产率，来实现优胜劣汰。这套市场竞争机制发挥作用的前提是消费者具有完全信息，并且能够自主做出最优选择。但是，养老机构的服务对象常常是失能或者半失能老年人，他们常常没有能力搜寻市场信息，也不能做出最优的判断，最终导致完全竞争市场机制在养老服务业内部不能顺利发挥作用。因此，养老服务业要求政府对服务质量和价格进行监管，以保证市场秩序。

第二节　养老服务的供应准则

2000 年世界卫生组织发布了《建立老年人长期照顾政策的国际共识》（世界卫生组织，2000），以下是该共识提出发展养老照护服务的八条指导原则：

（1）应当注意平衡养老服务过程中的公共服务、市场服务的各自责任，并且应该精准客观地确定需要照顾的老年人所需帮助的程度和类型，并明确获取养老公共服务的门槛条件及资助费用。

（2）应在全社会的层面达成提供养老服务的共识，政府部门和私营企业应基于各自成功案例共同制定和实施养老服务政策和规划框架。

（3）成功的养老服务政策改革需要公众和专家群体既了解实际情况又具备专业知识。所有养老服务信息传播和培训工作都应强调对年龄、性别和文化的敏感性。

（4）养老服务公共政策的制定过程中必须考虑到养老服务提供者的需求，无论他们是正式（如专业人员）还是非正式（如家庭成员）的养老服务提供者，应明确他们的角色、责任和权利，帮助他们应对挑战。未来的养老服务需要全新的正式和非正式养老服务系统支撑，养老服务提供者自身也需要支持系统。可以通过社会保险、培训、喘息式照护、家访医生和资金资助等方式来支持非正式养老服务提供者。

（5）所有老年人只要有养老服务需求，无论他们的年龄、性别或收入，都应当获得养老服务。每个老年人的养老服务需求程度和持续时间应该在进入养老服务系统时确定，但也应该有规律地更新。在设计养老服务政策时，应避免养老服务供给的碎片化，应消除养老服务缺口，并且构建无缝化的养老服务体系。

（6）养老服务的资金来源应当同时包括公共财政和个人资金两个渠道，政府应该寻找公正和公平的资助方式和付费模式，使有需要的老年人获得可持续的经济保障。

（7）应尽量将最新的技术应用到养老服务系统的设计和运营中去。

（8）政府应制定研究计划，以评估和监测养老服务供给和体制机制改革。研究应该聚焦于养老服务的实施和效果。全世界的快速老龄化要求增加关于延缓或阻止老年人残疾的研究。

第三节　养老服务的资金来源

全社会提供养老服务需要巨大的资金投入，2008 年经济合作与发展组织成员国人均长期照护服务支出（长期照护服务支出总额/总人口）达到 543 美元（购买力评价法）（Colombo et al., 2011）。同时，养老服务又具有明显的公共属性，因此大部分发达国家都将养老服务作为公共服务提供。但是，如果养老服务的成本完全由政府承担，会给公共财政带来巨大压力，有可能导致养老服务被滥用而损害社会效率，还有可能加剧社会的不公平。因此，各国的养老服务成本一般都由政府和个人共同承担，政府支出体现公共服务职能和维护社会公平，个人支出体现个人义务和养老服务生活功能。

一、养老服务的供给模式

从发达国家的经验来看，养老公共服务的资金来源包括政府支出和养老服务社会保险两大渠道，养老公共服务的供给相应有三种模式：

第一种模式是绝大部分发达国家正在采用的模式，养老公共服务具有较为广泛的覆盖面，将政府支出作为公共服务的主要资金来源，政府支出的主要来源又是以税收为主的政府收入。

第二种模式以奥地利、日本和德国为代表，它们参考了公共医疗保险的方案，引入了养老服务社会保险制度，实现了养老公共服务的"普遍服务"，以社会保险的方式来支付养老服务费用。

第三种模式以韩国、匈牙利、墨西哥等国家为代表，养老公共服务的覆盖面较小，政府主要对养老机构中收入水平低、失能程度高的老年人进行有针对性的"兜底线"救助。

二、养老服务的个人支出

养老服务的资金来源从个人承担的角度来看，主要包括个人付费和养老服务私人保险两大渠道。因此，养老服务的个人支出主要包括三大方面：

第一，在有养老服务社会保险制度的国家，个人应该按时缴纳相应的社会保险费用，类似于缴纳养老保险和医疗保险。

第二，在政府承担养老服务费用的过程中，个人一般需要进行相应的费用分摊，要求老年人分摊养老服务费用能够控制政府公共支出、减少对养老公共服务的滥用、推迟老年人开始使用养老公共服务的年龄。例如，老年人应承担在养老机构的食宿费用已成为各国的共识。

第三，对于购买了养老服务私人保险的老年人，个人需要缴纳相应的私人保险费用。养老服务私人保险能够进一步分摊老年人的费用支出，减轻老年人在接受服务时的经济压力。如果将养老服务社会保险和私人保险组合使用，由私人保险来承担社会所不覆盖的费用（如养老院的食宿费用），则能够规避老年人所面临的全部财务风险。

三、养老服务资金来源结构

表7-1显示了部分发达国家养老服务资金的来源结构，我们可以看到，养老服务资金主要来自政府支出、社会保险和个人付费三大部分。养老服务私人保险的普及率还很低，远低于各国医疗服务私人保险的普及率。另外，有时候非营利组织和企业也能承担一部分养老服务费用，但从各国的实践来看比重也是极低的。

表7-1　　　2007年部分发达国家的养老服务资金来源占比　　　单位：%

国别	政府支出	社会保险	私人保险	个人付费	非营利性组织	企业
荷兰	9.5	90.4	0.0	0.0	0.0	0.1
德国	12.5	54.7	1.7	30.4	0.6	0.1
法国	44.8	54.4	0.4	0.4	0.0	0.0
日本	44.2	44.8	4.0	7.1	0.0	0.0
韩国	46.2	30.7	0.0	17.8	5.3	0.0
匈牙利	60.1	30.2	0.9	2.4	6.4	0.0
奥地利	81.1	0.7	0.0	17.1	1.0	0.0
加拿大	81.6	0.4	0.4	16.8	0.0	0.8
挪威	89.3	0.0	0.0	10.7	0.0	0.0
丹麦	89.6	0.0	0.0	10.4	0.0	0.0
澳大利亚	88.9	0.0	0.3	8.5	0.0	2.3
新西兰	92.0	0.0	1.3	4.4	2.3	0.0
瑞典	99.2	0.0	0.0	0.8	0.0	0.0

资料来源：科隆博等（Colombo et al.，2011）。

上文提到了养老公共服务供给的三种模式，各种模式之间的资金来源结构差异能在表中得到清晰体现。

荷兰、德国和日本等国家都建立了法定的养老服务社会保险制度，社会保险在养老服务供给过程中发挥了重要作用，与政府公共支出一起构成了养老服务费用支出主体，老年人只需承担费用的较小部分。

奥地利、丹麦、瑞典等国家没有健全的养老服务社会保险制度，养老服务费用主要由政府公共支出承担，老年人所需分摊的费用比例也较低。

虽然发达国家的养老服务机构以营利性企业为主，但从表 7 - 1 中我们可以看出，包括"政府支出"和"社会保险"在内的公共支出是各发达国家养老服务费用的承担主体。2008 年经济合作与发展组织成员的养老服务支出中公共支出占 81.0%，而个人支出仅占 19.0%（Colombo et al.，2011）。政府在养老服务中的公共服务职能主要体现在资金来源上，而并不体现在服务主体上。例如美国养老机构中 65.9% 是营利性企业，26.2% 为私营非营利组织，7.9% 则由政府所有（Norton，2000）。2010 年美国养老服务费用的 72.2% 由政府和医保资金承担（Kirsten et al.，2012）。

四、养老服务供给模式改革方向

各发达国家的养老服务改革进程相对晚于医疗服务和养老金，现在还处于改革的进程中。奥地利、荷兰、日本、德国和以色列等国家以立法的方式明确了政府的养老公共服务责任，德国、日本等国家建立了全国性的养老服务社会保险体系（WHO，2000），均取得了良好的成效，各国养老服务供给模式改革主要呈现出以下三大趋势。

实现可持续的养老照护"普遍服务"，也就是让养老公共服务能够覆盖到每一个符合条件的老年人。通过建立养老"普遍服务"系统，能够避免给养老服务对象带来无法承担的高额费用，并减少老年人对于其他社会救助项目的依赖。为了避免覆盖范围过广导致的财政支出不可持续问题，各国出台了多项政策让老年人分摊部分养老费用，重点服务具有最强烈需求的老年人，并通过配套政策延迟残疾的发生时间，最终实现了政府财政在养老公共服务支出上的可持续发展。

整合相关的医疗服务和社会服务体系。在各发达国家建立完善的养老公共服务体系以前，养老服务职能往往分散在医疗机构和各类社会服务机构之间，出现了养老服务的"碎片化"态势，既不利于政府扩大覆盖范围、提升服务质量，也不利于老年人获得较好的养老服务体验。因此，各国多出台了多项措施整合养老服务机构、实现养老服务与医疗服务的无缝对接。

优化养老服务内部结构，创新养老服务供应方式。机构养老服务的人均成本远高于社区养老和居家养老，为了保证养老公共服务支出的可持续性，各国都充分挖掘社区养老和居家养老的潜力，避免机构养老人数的过快增长。为了提升养老服务支出的使用效率、提高养老服务人员的劳动生产率，各国采纳了政府购买服务、直接提供现金资助、资助家庭非正式照护者、创新养老服务产品、评价养老服务质量等办法，取得了良好的效果。

第四节　养老机构的市场准入

为了满足养老服务需求的快速增长，各国必须快速建立起养老服务的市场供给能力。养老服务市场供给的增加，除了需要上文提到了劳动者、资金等生产要素以外，养老服务机构作为直接市场主体则显得至关重要。

发达国家在增加养老服务供给的过程中有相应经验，如果政府承担了过多的养老公共服务职能，而资金来源又不能满足公共服务的快速扩张，必然会导致养老服务供不应求，政府只能采取严格审批建设养老服务机构来实现供需平衡，社会上出现了较大程度的养老服务需求缺口。以美国为例，美国大部分州要求新建的养老机构需要出具需求认证，以限制养老服务支出的过快增长，这种政策实际上限制了养老机构的建设，导致美国的养老服务供不应求，老年人入住养老机构需要较长的等待时间，造成了很多负面影响。首先，很多老年人的养老服务需求得不到有效满足，影响了老年人的生活质量。其次，很多老年病人无法从医院转入养老机构，只能在医院超期停留，反而导致政府公共支出进一步上升。再次，养老服务供不应求，导致市场竞争机制失灵，养老机构不重视提高服务质量，也不重视提升劳动生产率。最后，如果市场上没有相应的养老服务，那么对老年人采用现金补贴等资助方式就难以产生相应的效果。

上文提到，养老机构与医院相比更具备实现完全市场竞争的条件。为了增加养老服务的供给，多数发达国家都逐步降低养老机构的市场准入门槛，鼓励营利性企业进入养老服务市场，让企业、非营利性组织和政府机构共同提供养老服务，在养老服务机构之间形成市场竞争机制，以便增加服务供给、改善服务质量、提升市场效率。例如，德国和以色列以往的养老服务都主要由非营利性组织提供，在以立法的方式实施养老服务机制改革以后，用了 10 年左右的时间营利性机构就占据了养老服务机构的一半以上（WHO，2000）。

第五节　养老服务的资格准入

虽然各国的养老照护有实现"普遍服务"的趋势，但"普遍服务"并不等同于免费服务，不等同于向所有人提供服务，也不等同于服务的同质化。"普遍服务"必然有相应的准入标准，指所有老年人在达到相应标准后，都能享受到符合相应资格的养老服务。因此，科学设置养老服务的资格准入标准就显得至关重要。在资格准入过程中养老服务对象可能会出现"道德风险"问题，老年人为了满足准入资格而转移财产、隐瞒收入、伪装失能。养老机构也可能会出现"逆向选择"问题，如果政府给予不同老年人相同的日均补助，会导致养老机构选择失能程度较低、照护难度较小的老年人入住，更为需要照护的老年人却被排斥在外。如果准入标准设置过高，会导致很多老年人既无力购买市场养老服务，又不够格享受公共养老服务。如果准入标准设置过低，又会给公共财政支出带来巨大负担。

绝大多数经济合作与发展组织国家都采用综合照护需求评价方法来衡量老年人残疾程度，以及决定是否符合接受养老公共服务的标准，并开发出了标准化的评价工具和计量方法。以下是世界卫生组织（WHO，2000）总结了部分发达国家的养老服务资格准入流程，可供我国参考借鉴。

一、资格准入条件

一般而言，评判养老服务对象是否符合资格准入条件，必须设立评价标准体系，从各国的实践来看，该体系一般主要几类指标。

（一）年龄指标

很多国家将养老照护服务纳入长期照护服务体系统一管理，不仅包括老年人，也可能包括非老年的残疾人或失能人员，因此资格准入条件常常面向多个年龄段的人，有时甚至面向所有人群。例如，荷兰、奥地利和德国的标准面向所有年龄人群；日本的目标人群包括了40～64岁且有老年病的人群，以及所有65岁以上的所有人群；以色列的目标人群包括60岁以上的女性和65岁以上的男性，其他人群的长期照护需求需申请其他项目。

（二）健康和功能状态

各个国家针对享受养老公共服务所需要达到的失能（残疾）程度做出了不同的规定。有的国家要求达到的失能程度门槛较高，但为此类老年人提供了更全面的照护服务。有的国家同时覆盖了中等失能程度的老年人，但是照护服务的种类和强度有所降低。至于哪种模式更为有效，各个国家尚未达成共识。支持降低失能程度门槛的人认为，为失能程度较低的人提供一定程度的照护服务，有利于帮助他们保持功能状态，减缓身体机能衰退程度，降低进入养老机构的概率，而反对降低标准的人则认为这会导致家庭养老服务被养老公共服务所替代。

在奥地利、德国、荷兰和以色列，只针对失能状态进行评估，而不考虑导致失能的原因，失能原因可能来自心理、生理或感知等多个方面。在日本，40~64岁老年人只有老年病相关的失能才符合条件，而65岁以上的老年人则不考虑失能的原因。

在评价失能程度方面，大部分国家首先考虑老年人进行"日常生活活动"（ADL）的困难，其次才考虑老年人进行"工具性日常生活活动"（IADL）的困难。在很多国家，失能程度也可由每天或每月需要照护的时间来评价。例如，在奥地利只有每月需要50小时个人照护服务的人才被养老公共服务覆盖。在德国，每天需要1.5小时以上个人照护服务的人被覆盖，在以色列这个标准提高到了2.5小时（独居老人为2小时）。在日本，养老公共服务的准入门槛很低，以换取较广的覆盖范围，服务强度最低的档次甚至覆盖了尚能独立生活的老年人，以预防他们失能程度的进一步恶化。

为了和医疗服务进行有效区分，体现养老服务的长期性，大部分国家都规定需要6个月以上连续照护服务的老年人才符合准入标准，如果时间短于6个月则主要依靠医疗服务来覆盖。

（三）家庭照护

有的观点认为，应该优先对家庭不能提供非正式照护服务的老年人提供帮助，他们对于养老公共服务的依赖程度最高。也有的观点认为，对家庭能提供非正式照护服务的老年人也应该提供帮助，以认可家庭成员对养老服务做出的贡献，并鼓励老年人继续采取居家养老的方式。在建立了养老服务社会保险体系的国家，则认为既然所有人都缴纳了社会保险，就应该尽可能地扩大覆盖范围。另外，此指标存在"道德风险"的可能，有的老年人可能会为了获得服务而主动独居。

从各国实施的情况来看，大部分国家在评价准入条件的过程中均未考虑家庭非正式照护服务的作用。只有以色列将申请者是否与他人共同居住作为评价指标之一，对独居老人给予更多的帮助。

（四）收入水平

从理论上讲，越贫穷的老年人支付养老服务费用的能力越弱，也越需要获得养老公共服务的支持。仅为贫困老年人提供养老公共服务也有利于控制政府公共支出。但是，如果将收入纳入资格准入条件中，老年人可能为了获得服务而主动转移财产或隐藏收入，引发"道德风险"问题。另外，养老服务支出对于较为富裕的老年人而言也是沉重负担，他们有权获得养老公共服务。

基于上述考虑，大多数国家并未将收入水平纳入资格准入条件，以充分体现"普遍服务"的理念。以色列将收入水平作为资格准入条件之一，但收入水平高低只能决定公共服务等级，而不能决定是否获得养老公共服务。

二、资格评估过程

在确定上述资格准入条件以后，资格评估的过程对老年人获取养老公共服务也至关重要，以下将简述各国的成功经验：

（一）评估工具

各国针对养老公共服务资格准入的评估应该是统一和持续的。在奥地利、德国、荷兰和日本，由专门的机构来评估养老公共服务的准入资格，因此在时间上具有连续性。大部分国家都使用客观性、结构化、全国统一的评估工具，有助于评估过程的标准化。

（二）等级划分

所有发达国家都对养老公共服务进行了等级划分。大部分国家的服务等级是由老年人每月或者每天需要的照护时间所决定的。以色列有两档（2.5 小时／天或 6.5 小时／天的个人照护服务）、德国有三档（从 1.5 小时／天到 5 小时／天）、日本通过积分制度确定了六档（从 25 分钟／天到 110 分钟／天）、奥地利确定了七档（每月 50 小时到 180 小时，相当于每天 1.6 小时至 6 小时的照护时间）。各国未来的发展趋势是将服务等级进一步细分化，以充分体现功能需求。

（三）评估机构

负责准入资格评估的责任一般由社会保险机构或第三方独立机构来承担。通过第三方独立机构能够确保评估结果的客观性、独立性和一致性。在很多发达国家，这套评估系统是半独立的。在德国由医疗委员会负责评估，评估费用从养老服务基金里支出，先由医疗基金进行垫付。在以色列由全国保险机构负责评估，但是雇用独立的护士。在日本，地方政府通过照护经理进行评估，他们可能是养老机构的雇员，由于角色存在重叠，可能出于利益的原因而夸大失能程度，以有利于所在养老机构。为了解决这个问题，日本的最终资格准入决定要由独立的专家委员会做出。在荷兰由各地方政府成立了区域评估组织来负责评估，它们包含了老年人代表、消费者群体、养老机构、医生和地方政府人员等多个领域的成员。在奥地利由社会保险机构来负责评估。

（四）评估人员

在所有发达国家，准入资格评估要么是由一个领域的专家进行，例如医生和护士，要么是由来自多个领域的专家组进行。评估组人员构成也取决于资格准入条件，标准越少，专家组的构成就越单一。另外，即使采取了标准化的评估方法，也还要考虑评估成本与评估精确性的权衡关系。通过采取多学科评价组的方法，有利于多方面综合评估老年人的需求，也有利于老年人在获得准入资格后确定后规划合适的养老服务方案。

从各国的实践来看，在奥地利是由医生来评估，在以色列是由护士来评估，在德国由两者来共同评估。在日本，则由接受过专业训练的照护经理来进行评估。在荷兰，由于使用了综合性的资格评估指标，则由多学科的专家组来进行评估，他们主要由医生、护士和社会工作者构成。

第六节 养老服务方案

老年人在获得准入资格以后，要获得养老公共服务，还需制订科学合理的养老服务方案，由于养老服务的专业性较强，所以需要由专业的机构和人员来制订养老服务方案。在绝大多数国家，为了避免在方案制定过程中偏袒自己，准入资格评估机构并不直接制订养老服务方案，以保证方案的准确和客观性。

在荷兰，准入资格评估小组将结果提交给老年人，由老年人自行寻找一家养老机构，让其提供与评估报告相符的服务方案。在日本，老年人在照护经理的指导下免费制订养老服务方案，由于照护经理可能是养老机构的雇员，他们的养老服务方案可能有利于所在的养老机构。在以色列，则由专业的区域委员会来制订养老服务方案。在德国，评估机构也负责制订服务方案，但最终方案还是由养老机构来制订。

第八章

养老服务分类及功能定位

本章将对养老服务依据不同标准进行分类，并明确各个类别的功能定位。同时，本章还将参考发达国家经验对养老机构进行细分。

第一节 养老服务分类

养老服务是生理或者认知功能衰退的老年人所需要的服务集合，这些老年人首先需要在洗澡、吃饭、穿衣、起床、行动和如厕等"日常生活活动"（ADL）等方面获取帮助。除了 ADL 以外，养老服务在实际提供过程中还常常包括以下服务类型：一是家务、餐饮、购物和交通等家政服务，也称为"工具性日常生活活动"（IADL）；二是伤口敷料、疼痛管理、药物治疗、健康监测等基本医疗服务；三是预防、康复和姑息治疗等服务。可以看出，养老服务是一个内部极其异质的集合体，里面包括了多种服务类型，以下将依据不同的分类标准对其进行细分。

一、依据养老场所分类

老年人的身体机能衰退以及对养老服务需求的增加是一个连续性、

渐变式的过程。因此，养老服务也是一个无缝连接的连续性整体，针对老年人不同阶段的特定需求而提供持续性的服务。老年人在失能程度较低的阶段，主要居住在家庭内由亲友提供不频繁的非正式养老服务。随着老年人失能程度逐步提升，对于养老服务的强度和专业性要求不断增强，老年人开始在家中接受社区提供的正式养老服务。随着老年人失能程度进一步提高，社区的养老服务已经不能满足其需求，老年人则移居到养老机构内接受强度更高的专业养老服务。以下将依据养老场所将养老服务分为居家养老、社区养老和机构养老三类。

（一）居家养老

家庭是最为舒适的养老场所，因此老年人从心理情感上来说也首选居家养老的方式，只有在居家养老不能满足其需求时才选择机构养老。居家养老是重要的养老方式，根据经济合作与发展组织的统计，2000 年其成员平均有 58.0% 的养老服务对象在家庭接受照护服务（OECD，2013b），到 2019 年该比重上升到了 68.2%（OECD，2022），可见居家养老在养老服务中占据超过 2/3 的份额，而且其重要性还在不断提升。

在居家养老过程中，老年人主要接受亲戚朋友提供的非正式、免费照护服务，其中照护服务首先来自于配偶，其次来自子女，最后还有可能来自其他亲戚、邻居和非亲属。在家庭照护者中，女性的比例又远高于男性。

一般而言，居家养老虽然是养老服务的主要形式，但是它主要提供低强度、低专业性的非正式照护服务，当老年人失能程度比较高的时候。过分依赖于居家养老会产生负面的健康、社会和劳动力市场影响。因此，所有国家都需要发展社区养老和机构养老，并在正式和非正式养老服务间形成良性互动。

（二）社区养老

在社区养老的方式中，老年人仍然居住在家中并接受养老服务，但养老服务除了家庭成员提供的非正式养老服务以外，还有社区提供的正式养老服务。因此，社区养老显著地减轻了家庭成员的照护负担，让老年人家庭有了更多的安全感，并且鼓励家庭成员继续进行照护活动。社区养老与上述的居家养老更多地形成了互补关系，而不是替代关系。政府想要通过养老公共服务减轻家庭成员的长期照护负担，但是绝不意味着替代家庭在照护过程中的责任和作用。

各发达国家提供的社区养老服务种类不一，大部分国家的社区养老都包括了个人照护、家政服务和日间照护等内容。服务种类越多，老年人可选择的余地越大，也越有可能地满足老年人的生活需求。例如，荷兰、德国和日本还提供了急救、喘息式照护、护理设施、夜间照护、家庭适应、专业护士家访和健康管理等服务。

（三）机构养老

随着老年人失能或残疾程度的提高，当社区养老也不能满足老年人的养老需求时，老年人只能从家庭搬到养老机构，接受专业性的机构养老服务。养老机构能够为遭受慢性病、生理、感知和认知损伤的老年人提供医疗和住宿服务，满足老年人持续性日常生活的需求。

机构养老的服务种类非常多元化，常常不仅仅局限于普通的个人照护服务。例如，荷兰还包括了心理疾病照护、饮食咨询、医疗服务、康复服务、聋哑照护服务、新陈代谢失调测试、器官移植等服务。

社区养老与机构养老都包括养老公共服务，它们之间的整合衔接至关重要，在奥地利、德国、荷兰和日本等国家，社区养老和机构养老被同一个社会保险计划项目所覆盖。2011 年经济合作与发展组织成员有63.6%的养老服务对象在家庭接受养老服务，但是正式养老服务人员中仅有47.1%在家庭为老年人提供养老服务（OECD，2013b）。社区养老的成本更低、效率更高，通过协调发展社区养老和机构养老，能够有效地减少机构养老的比重。

二、依据资助方式分类

养老公共服务依据资助方式可以分为两种：一种是直接向老年人提供具体的养老服务；另一种是向老年人提供资金，让其自行购买养老服务。以下将论述各种资助方式的特点以及效应（WHO，2000）。

（一）资助方式类别划分

一般而言养老公共服务可以细分为三种资助方式：直接提供具体的养老服务；提供没有限制的资金资助，资助对象可以将资金用于他认为合适的所有领域；提供有限制的资金资助，资助对象只能用来购买养老服务，并且必须提交相应证明发票。如果资助对象就是老年人，那么有限制的资金资助类似于直接提供具体的养老服务，但是增加了老年人在购买过程中的灵活性。另外，有时候各国并不将资助资金直接提供给老年人，而是提供给为其提供照护服务的家庭成员。

大多数发达国家都将提供具体的养老服务作为资助的主要方式。但是，近年来各国有采纳资金资助方式的趋势。在奥地利，养老公共服务以无限制资金资助的方式提供，对于支出类别未做具体限制，家庭可以将其列入总收入统一支配。在德国，居家养老可以选择无限制资金资助或具体养老服务，也可以选择两者组合，但是机构养老只能选择具体养老服务。在日本，居家养老只提供具体养老服务，只有在满足残疾程度、收入等一系列苛刻条件的前提下，才能获得每月一定数额的现金资助，这笔资助来源于政府财政收入。在荷兰，只提供具体养老服务，为居家养老的老年人提供有限制资金资助的方式还处于试验阶段，初步结果显示老年人认为其有助于服务质量的改善。在以色列，只提供具体养老服务，但是在没有相应养老服务供给的地区则提供资金资助。

（二）不同资助方式的效应

支持无限制资金资助的人认为，资金资助能够增强资助对象的自主选择性，包括选择服务种类和服务机构的自由，能够鼓励形成弹性的养老服务规划，让服务对象能够采用自己喜欢的服务方式，进而提高老年人的生活质量。通过资金资助也能够让家庭成员有更强的经济动机来持续照护老年人，并让老年人有机会能够对他们辛勤劳动表示感激，弥补家庭成员因照护活动而产生的机会成本。提供资金资助还能在养老服务机构之间产生竞争，推动它们提高服务质量、降低产品价格。另外，各国资金资助的金额一般仅相当于具体养老服务成本的一半左右，有利于政府节约公共支出。

反对资金资助的人则认为，资金资助的老年人总数较多，因此会产生较高的公共支出成本。资金的使用过程缺乏良好的监督管理，可能会导致服务质量和老年人的生活质量得不到保证。很多时候老年人虽然得到了资金资助，但是在市场上却购买不到相应的服务。很多失能或半失能老年人缺乏自行选择的能力，他们很难挑选出符合自己需求的养老服务机构。家庭成员还有可能会滥用这笔资金但却未向老年人提供养老服务，资金并未带来相应的养老服务供给。为了保证老年人在接受资金资助时又能享受到相应的养老服务，有的国家出台了政策每隔四到六个月对老年人的生活状况进行走访，以保证老年人获得足够的养老服务。为了提高老年人的自主决策能力，还可以向老年人提供相应的咨询和培训服务。

在日本，虽然资金资助有较高的民意支持率，但是政府还是决定不采纳这种模式。专家认为，资金资助不一定能促进正式养老服务的快速发展。资金资助只会增加家庭的总收入，但是具体的养老服务却仍然在由女性家庭成员承担。如果采取资金资助的方式，会吸引大量的老年人涌入申请，超出了政府的财政承受能力。

在德国，有79%的人选择了资金资助，11%的人选择了资金和具体养老服务结合，只有9%的人选择具体养老服务（WHO，2000）。失能程度越高的老年人，选择资金资助的比重越小。实际上，资金主要被用来增加家庭预算收入，以及对家庭养老服务提供者进行经济补偿，而很少从养老服务机构购买正式养老服务。由于资金资助额度不大，这笔资金更多地被看作是对家庭养老服务的感激与回报，对于家庭养老服务的结构内容改变不大。

三、依据覆盖范围分类

养老公共服务的"普遍服务"原则并不等同于"同质服务"、不等于"完全服务"，也不意味着"免费服务"。各国都依据老年人的需求将养老公共服务划分为不同档次，向不同老年人群提供差异化的养老服务。但是，养老公共服务只能体现公共属性，均不可能满足老年人的所有养老需求，也都需要老年人分摊一定的养老服务费用。

大多数发达国家都确定了养老公共服务所能覆盖的最高和最低额度。奥地利最高额度为最低额度的10倍，日本为6倍，德国为4倍，以色列为1.5倍。荷兰每天最多能提供3小时的养老公共服务，对于突然有疾病的老年人，时间可延长到8小时并持续3个月。以色列和德国每天最多提供2小时的养老公共服务（WHO，2000）。

发达国家的养老公共服务都仅能覆盖老年人的部分养老需求（WHO，2000）。在德国，养老公共服务覆盖的成本大约占总成本的37%~64%，其中机构养老服务仅覆盖44%~64%。在以色列，最高仅能覆盖35%的养老服务成本。在奥地利，最高仅能覆盖44%的养老服务成本，其中机构养老的覆盖率约为50%。而在日本，则几乎能够覆盖所有的机构养老成本（WHO，2000）。

第二节 养老机构分类

我国的养老机构特指为老年人提供集中居住和照料护理服务的机构，主要包括养老院，现在也包括社区留宿和日间照料机构。发达国家的养老机构则有更为多元的功能和丰富的类型。以美国为例，美国早期的养老机构也以养老院为主，随着现在老年人希望居家养老的意愿越来越强烈，以及政府出台了一系列扶持居家养老和社区养老的政策，养老机构发展逐步多元化。现在，美国的养老机构包括家庭保健服务机构（home health agency）、老人日间服务中心（adult day services center）、照护型居住社区（residential care community）、养老院（nursing home）、临终关怀医院（hospice）等五种。其中照护型居住社区、养老院和临终关怀医院为提供住宿的养老机构，属于机构养老的范围，其余两种类型则不提供住宿。2012年美国的58.5万家养老机构中，照护型居住社区占37.9%、养老院占26.8%、家庭保健服务机构占20.9%、老人日间服务中心占8.2%、临终关怀医院占6.3%（Colello et al.，2012）。

一、家庭保健服务机构

家庭保健服务机构主要提供家庭照护服务，他们能够在老年人居家养老的同时，为其提供特定的照护服务，以满足他们对于安全、舒适和独立性的需求。家庭照护服务主要包括"日常生活活动"照护，有时也包括家政服务，以及各种老年人陪伴服务。基于家庭照护服务的居家养老已经成为机构养老方式的重要替代。

二、老人日间服务中心

老人日间服务中心为白天需要帮助的老年人提供照护和陪伴服务，这类养老机构能够减轻家庭成员和非正式养老服务者的负担，让他们有去工作、做生意和休闲的时间，而不用操心老年人的安全和照护问题。

老人日间服务中心能够通过提供替代性的照护服务延缓或预防老年人进入养老院，也能够增强老年人的自尊和鼓励社会交往。一般而言，老人日间服务中心可分为"老人日间社会服务"和"老人日间健康服务"两种类型，前者主要提供社交活动、餐饮、休闲和一些健康服务，后者还为有较严重健康问题的老年人提供深度健康照护、健康治疗和社会服务，以降低他们进入养老院的概率。

除了上述的基本服务以外，老人日间服务中心提供的服务还包括咨询、教育、晚间照护、运动、健康监测、餐饮、医疗照护、理疗、休闲、喘息式照护、社会交往、交通、监督管理等服务。

三、照护型居住社区

失能程度很低且有经济实力的老年人可以选择自费入住照护型居住社区。老年人一般都有独立的房间，并且能够接受住宿、餐饮、家政和各种休闲服务。随着失能程度的提高，老年人进行部分"日常生活活动"出现困难，照护型居住社区也能提供基本的照护服务。但是，随着失能程度继续提高，老年人只能转移到养老院接受进一步照护服务。

照护型居住社区与居家养老相比价格更为昂贵，只有少数的富裕老年人能够承担，但是能够在保证生活质量的同时接受养老服务，并且避免给家人增添负担。照护型居住社区与养老院的最主要区别是更具备家庭环境氛围、服务供给更多地以生活而不是以医疗为导向，能够保证老年人的生活自主性，实现居住环境、生活质量、家庭氛围和基本养老服务的有机结合。

四、养老院

养老院是老年人最重要的机构养老场所，能够提供全方位、专业化的养老服务。它们能够为有多种残疾或者失能程度较高的老年人提供多种类型的养老服务，同时也能够解决他们"日常生活活动"不能自理的问题。养老院一般设有专门部门针对痴呆症患者提供服务，有时也接收从医院出院并需要短期康复服务的病人。近年来，随着养老服务机构的逐步多元化，以及老年人残疾率的下降，入住养老院的老年人比重有减少的趋势。

五、临终关怀医院

临终关怀医院则主要接纳走近生命终点的病人，通过采用姑息式治疗的理念，为病人提供心理关怀、个人尊严、社会联系、止痛治疗、临终慰藉等。临终关怀医院的服务对象往往并不局限于老年人，它们有利于保护患者的舒适度、尊严、生活意义和社会关系。

从发达国家的发展趋势来看，在医院去世的人所占比重在不断下降，在家中和养老机构中去世的人的比重不断上升，因此临终关怀服务有向家庭和养老机构转移的趋势，临终关怀医院在养老机构中的功能也越来越重要。

第九章

养老机构服务质量标准及评价体系

随着各国人口老龄化的快速推进，老年人对于养老服务的要求迅速提高，这种要求既体现为对量的需求迅速增加，也体现为质的要求快速提高。政府在构建养老"普遍服务"体系，积极满足老年人对养老服务质和量要求提高的同时，又必须解决养老公共服务支出迅速增加、养老服务工作人员供给不足、养老服务供不应求、养老服务质量有待提升等问题。在此宏观背景下，科学评价并提升养老服务质量，就成为了解决上述问题的重要抓手。

首先，提升养老服务质量顺应了老年人的要求，有利于改善老年人的生活质量；其次，客观评价养老服务质量，并建立标准化的养老服务体系，有利于养老服务机构提升劳动生产率，在提高服务质量的同时节约公共服务开支；再次，通过评价养老服务质量，找出影响服务质量的关键因素，有利于政府科学制定养老服务发展规划；最后，科学构建养老服务质量指标，有利于政府和老年人选择质优价廉的养老机构，在养老机构之间形成市场竞争机制。

2020 年民政部出台的《养老机构管理办法》中对养老机构的宗旨和性质、服务内容、内部管理、监督检查和法律责任等做出了明确规定。经济合作与发展组织报告《老年的美好生活》（OECD，2013a）也为成员提升养老服务质量构建了评价体系，分别从养老服务投入和养老服务效果两方面来提升服务质量。

第一节　基于投入的养老服务质量评价

各发达国家的养老服务质量评价体系建设普遍滞后于医疗服务。大部分国家都有养老服务投入的指标和数据，以养老服务投入来间接反映养老服务质量。例如，各国都有养老服务硬件设施特征、员工专业水平、环境安全和适应性、信息技术应用等数据，能够间接反映养老照护服务的质量。发达国家还将控制养老服务投入作为保障养老服务质量的重要政策手段，针对各具体的指标设立最低可接受的标准，并强制实施。在大部分发达国家，对于养老服务投入的监管是强制性的，并且是获得政府公共资金资助的前提。在澳大利亚、日本、德国、葡萄牙、美国、英国和法国等国家，对于家庭养老服务提供者都有强制性认证。

这些投入数据作为间接数据离真实的养老服务质量还有一定偏差。老年人经过养老服务后健康状况、生理和认知功能的提升才是养老服务质量评价最应该关注的直接结果。各国针对养老服务质量的直接测量体系还有待完善，包括养老机构的服务效果、服务安全性，老年人在养老机构的综合体验，养老服务对老年人生活质量的提升等。

一般而言，养老服务投入包括服务人员、居住环境、信息技术使用等三个部分：（1）服务人员是养老服务最为重要的生产要素，为了保障养老服务质量需要对人员的学历、技能水平、态度、继续教育等做出限定要求；（2）居住环境是指老年人设施、住房、照护环境的安全性和可进入性，对于老年人隐私的保护程度，对于老年生活满意度的提升程度等，是提升养老服务质量的重要因素；（3）信息技术使用是指在养老机构提供养老服务、改善老年人生活质量过程中，对于信息技术使用的普及程度，包括电子报警系统、通信系统、电子娱乐系统等。

第二节　基于效果的养老服务质量评价

基于服务效果来评价养老服务质量是各发达国家的发展趋势。现在各发达国家也有专门的管理机制用来防止老年人在养老机构中被虐待，包括投诉机制、巡视官制度等，在发现问题后采取罚款、警告和关停等处罚办法。这种处罚式的管理体制有可能引发服务创新停滞，或者导致服务提供者仅遵循最低标准提供服务，产生了一些负面影响。通过服务效果科学评价养老服务质量，将养老服务的产出、服务质量、个人选择和人的尊严等纳入养老服务质量评价体系，建立标准化的管理体系，有助于鼓励养老机构提高劳动生产率，促进服务创新，切实提升服务质量。

经济合作与发展组织的研究报告《老年的美好生活》认为，基于效果的养老服务质量包括照护服务有效性和安全性、老年人中心性、照护响应度和协调性三个部分（Colombo et al.，2011）：

一、照护服务有效性和安全性

照护服务有效性主要考察养老服务提供对于老年人功能改善（或防止恶化）的实际作用。照护服务安全性主要考察养老服务避免老年人受到负面伤害的作用。从各国的实践来看，主要采用6大方面的临床质量指标来评价照护有效性和安全性，具体包括：（1）1～4期的褥疮发生率；（2）跌倒发生率和跌倒引致的骨折；（3）"身体约束"的使用情况；（4）过度医疗或误诊出现的情况；（5）未预期到的体重过快减轻；（6）抑郁症出现的情况。

二、老年人中心性

养老机构在逐步从以机构为中心的医疗模式向以老年人为中心的服务模式转变。机构养老的老年人中心性主要考察老年人积极参与养老服务过程、愿望得到充分满足、服务过程充满愉悦的情况，包括老年人生活满意度等指标。为了增强老年人的中心性和选择能力，必须保证老年人能够基于信息做出理性的决策，特别是对于虚弱的老年人而言，这种基于信息的判断能力至关重要。

对于居家养老的老年人，也有很多扶持性的政策能够增强老年人的中心性。例如，首先可以给老年人资金资助让老年人自行选择养老方式，包括自由购买养老服务，自主雇用正式照护者，或者给予提供服务的家庭成员经济补偿。这样首先可以增加养老的灵活性和机动性，其次可以让老年人尽量选择居家养老和社区养老，而减少机构养老需求。通过增加老年人选择的机会，能够提升老年人的自我决策力和满意度，提高独立生活的水平，让老年人对于自己的生活有更强的掌控力。与传统的照护服务相比，让老年人有更多的选择，能够在同等成本水平下提升他们的生活质量。

三、照护响应度和协调性

照护响应度主要考察老年人产生养老服务需求后得到积极有效响应和满足的程度。照护响应度还没有被经济合作与发展组织国家常规性地搜集和测算，老年人等待养老服务的时间是一个替代指标。养老服务等待时间较长的原因包括养老机构服务容量不足、缺少针对特定老年人需求的专用设施等。

照护协调性主要考察各类养老机构之间、养老机构和医疗机构之间的协调和整合程度，保障老年人接受各类养老服务时实现无缝连接。老年人的身体健康状况非常复杂，养老服务需要整合多个学科、多个组织的优势资源，共同制定照护规划。但在养老照护服务供给过程中普遍存在服务碎片化的问题，养老服务的资金来源和服务供给分散在多个部门和多家机构，机构之间缺乏协调阻碍了养老服务质量的提升、降低了老年人及其家庭的满意度、制约了养老资源的充分利用等。

发达国家解决养老服务碎片化的重要方法是将养老服务和医疗服务整合到同一部门中。这样养老机构有动力跨越不同领域寻找最有效率的养老服务方式，例如以康复服务或预防服务来取代养老服务，这在传统部门分割的格局中难以实现。养老机构会认真地将短期医疗服务和康复服务、养老服务协调起来，将社区养老和机构养老协调起来。

但是针对这种整合模式也有反对的意见。首先，他们认为养老服务在综合性的医疗照护系统中会被忽略，只有医疗服务会获得更多的重视。其次，必须配套有恰当的机制来鼓励医疗机构提供养老服务，否则医疗机构在面临激烈竞争时，没有动机来提供复杂、困难、昂贵的养老服务。在养老服务预算资金充足，并且医疗机构之间竞争较小时，医疗服务与养老服务之间的整合更为可行。最后，将医疗服务的经济规律运用于养老服务时会遇到困难，因为养老服务具有长期性和持续性，服务提供过程很难包括成本控制机制。

从发达国家的实践情况来看，大多数国家都将养老服务的供给职能归总到了医疗服务的主管部门中。医疗主管部门为养老服务设置了独立的项目，从组织和资金来源上与现有的医疗服务项目进行一定区分。

第三节　养老服务质量指标体系

表 9-1 显示了经济合作与发展组织研究报告《老年的美好生活》

所搜集整理的各发达国家用来评价养老机构服务质量的具体指标（OECD，2013a），可供我国构建养老机构服务质量指标体系时参考借鉴。

表 9 – 1　　部分经济合作与发展组织国家养老服务质量指标体系

大类	小类	养老机构服务质量指标
照护有效性	褥疮	褥疮发生率
		褥疮发生数
		褥疮恶化的比例
		老年人出现褥疮的风险评估
		针对褥疮采取的预防和管理措施
	营养体重	计划外体重减轻的发生率
	抑郁症谵妄	抑郁症的发生率
		具有抑郁症状又未接受抗抑郁治疗的发生率
		影响他人行为症状的发生率
		行为症状恶化（或改善）的老年人分类比重
		出现谵妄症状的老年人比重
		65 岁以上老年人进行简短精神状态检查（MMSE）的比重
		抑郁症状引发的情绪恶化的老年人比重
	日常生活活动	需要日常生活活动帮助增加的老年人比重
		日常生活活动功能恶化、改善或保持不变的分类比重
		日常活动能力衰退的老年人比重
		老年人生理自主性保持不变（或减少）的分类比重
	大小便失禁	尿道感染发生率
		大小便失禁的发生率
		控制小便（大便）能力改善或恶化的分类比重
	慢性病	针对糖尿病患者的糖化血红蛋白测试率

大类	小类	养老机构服务质量指标
照护有效性	管饲	管饲的发生率
	免疫	评估并接种季节性流感疫苗的老年人比重
		评估并接种肺炎疫苗的老年人比重
	认知功能	认知能力恶化（改善）的老年人分类比重
	行动力	移动能力恶化（改善）的老年人分类比重
	疼痛	具有疼痛症状的老年人比重
		疼痛症状恶化的老年人比重
		是否针对疼痛进行系统性评估
	跌倒	跌倒的发生率以及跌倒引发的骨折
		针对个体跌倒风险的评估
	身体约束	身体约束的使用率
		证明对老年人活动限制措施的合理性
	药物治疗	在过去一周内至少一天使用了抗精神病、抗焦虑或安眠药的老年人比例
		在过去一周内至少一天使用了抗抑郁药的老年人比例
		未诊断出精神病却使用了抗精神病药物的老年人比例
		过去 30 天内进行了药物治疗的老年人比例
		是否合理用药
		是否按照医生的处方用药
		用药管理的完善程度
	自控力	配有留置导尿管的老年人比重
	感染	有一处以上感染的老年人比重
		具有呼吸问题且未改善的老年人比重
	再入院	再入院比例

大类	小类	养老机构服务质量指标
老年中心性	主观体验	体验到良好的照护计划
		体验到良好的参与性和咨询服务
		体验到良好的交流沟通并能用电话轻松联系到工作人员
		体验到良好的生理照护
		体验到良好的餐饮服务
		体验到良好的信息
	人生自由	鼓励老年人的人生自由
		体验到足够的独立性和自主性的比重
	权利	老年人的尊严和权利
		在限制老年人自由活动时尊重老年人权利
	责任	关于权利和义务的文件
		有信息服务
	支持	老年人能很好地生活并参加社会活动
		有充足的心理帮助
		洗澡和如厕的辅助服务
		收益管理服务
	联系	与医生保持积极的联系
	满意度	老年人能够选择自己的衣服
		照护者既友好又有礼貌
		针对老年人满意度的评价
照护协调		有监视养老机构之间协调的医疗记录、追溯工具和支持小组
		有综合性的养老需求评价和照护规划
		有来自多个领域的综合服务小组
		根据不同照护类别，确定可实现的出院目标
		在老年人有慢性病时与医生保持密切配合
		依据照护方案和照护记录实施的力度
		老年人的转运
		是否针对具体案例召开会议

大类	小类	养老机构服务质量指标
服务工作者		每名医生或护士管理的床位数
		工作人员专业领域的多样性
		晚间或节假日是否有值班医生
		老年人对于照护管理过程专业性的评价
		是否有来自多个领域的专业小组
		护士人员的周转率
		老年人感受到服务工作者完全可信赖
		服务工作者依照受过专业训练来转运老年人
		老年人感觉到服务工作者人员充足
		医生能够随时被联系到、10 分钟内反应、30 分钟内到现场
		在上一年内从事高难度护理任务的工作人员称职
		老年人能够体验到足够的照护服务一致性
		护士能够随时被联系到、10 分钟内到现场
		有人力资源管理
		有服务工作者福利计划
		有服务工作者培训
		有隐私保护政策
人居环境		房屋面积
		每床位平均面积
		是否有足够的卫生间
		多人房间的比重
		建筑物的质量和安全性
		养老院重新装修频率
		带卫生间的房间比重
		床位总数
		门槛或障碍物的移除率
		防滑地板的安装率

大类	小类	养老机构服务质量指标
人居环境		安全手柄的安装率
		每名理疗师服务的床位数
		是否有放射室、实验室及相关技术人员
		是否有药房
		感觉人居环境舒适的老年人比重
		感觉环境氛围良好的老年人比重
		感觉个人隐私得到足够保护的老年人比重
		是否有公共活动室
		养老机构外部社区空间的安全性
		感觉人居环境安全的老年人比重
		保持卫生和控制感染的措施
		处理紧急或灾难状况的能力
技术		养老机构是否配置有足够的警报系统
		每一百张床位的心电图机数
		每一百张床位的供氧机数

资料来源：OECD, European Commission. A Good Life in Old Age? Monitoring and Improving Quality in Long – Term Care［M］. Paris：OECD, 2013a.

第四节　老年人生活质量指标体系

大部分经济合作与发展组织成员国的养老服务政策已经从"以服务者为中心"转向"以使用者为中心"，从强调机构养老转向强调居家养老和家庭服务，从提供具体养老服务转向使用资金资助和自我选择的照护机制。上述指标主要衡量了养老机构的养老服务质量，包括了照护服务有效性和安全性、老年人中心性、照护响应和协调等方面的内容。评价养老服务质量的最终目的是评价老年人生活质量。同时，老年人生活质量评价的应用范围更广、综合性更强，可以用于评价社区养老和机构的养老服务质量。

美国学者凯恩（Kane，2001）提出了老年人的生活质量概念性指标，共包含了 11 大方面的内容。这些指标都能直接评价老年人生活质量的结果，而不是用投入结构来近似反映。

（1）对于安全和有序的感觉，老年人需要生活在良性的环境里，人们都充满善意，大家对各种行为准则都达成共识并积极遵守。

（2）生理感觉的舒适和外部环境的舒适。老年人免受疼痛和不适的折磨，并且外部环境具有良好的舒适度。

（3）老年人在所处的生活环境中感到心理愉悦。

（4）老年人生活中能够进行各种积极有意义的活动。

（5）老年人生活中有丰富的社会关系互动，包括与配偶、亲戚、朋友等的关系，也包括与其他老年人和照护工作者的关系。

（6）在老年人生理和认知功能范围内，老年人能够实现充分的独立性。

（7）老年人的尊严能够充分地被尊重。

（8）老年人的隐私能够得到充分保证，能够保持自主独立性，在特定时候能够自由释放情感，有时间能够独处，也有较为私密的个人通信。

（9）老年人能够感觉到个性化存在，能够延续自己的独立身份和人格。

（10）老年人有自由选择性，能够决策并且主导自己的生活。

（11）老年人有丰富的精神层面生活，并且与生理健康形成良性互动。

第十章

养老机构改革发展战略体系

　　《"十四五"国家老龄事业发展和养老服务体系规划》指出,"十四五"时期,我国养老服务床位总量将达到 900 万张以上,新建城区、新建居住区配套建设养老服务设施达标率达到 100%,乡镇(街道)层面区域养老服务中心建有率达到 60%,与社区养老服务机构功能互补,构建"一刻钟"居家养老服务圈①。政府通过直接投资或补助建设养老机构、对纳入基本公共服务的养老机构建设补助、支持社会力量兴办机构养老设施、改造存量养老机构等方式来增加养老床位。政府现有政策主要集中在加速养老机构建设方面,对于养老机构机制改革、分类管理、服务监管、质量提升等方面的配套政策较少。

　　通过提出养老机构机制改革政策和监管办法,有利于各级政府加快社会养老服务体系建设,解决失能、半失能老年群体养老问题,促进社会和谐和保障民生发展。根据不同类型养老机构特点,分类提出机制改革政策和监管办法,提出促进我国养老机构良性发展的综合政策支持体系,作为"十四五"期间政府对养老机构分类支持、有效监管的依据。明确各级政府基本公共服务事权与支出责任,体现政府养老公共服务职

---

　　① 国务院."十四五"国家老龄事业发展和养老服务体系规划〔R〕.北京:国务院,2021.

责和梯度政策导向。

第一节　科学评价并提升养老服务质量

养老服务从以机构为中心转变为以老年人为中心，养老服务也应该从依据基础设施和服务过程来评价变为依据服务效果来评价，并将评价结果传播给实际和潜在服务对象。通过采取基于效果的养老服务质量指标，首先，能够有利于老年人基于充分信息做出决策，形成市场竞争机制，可以倒逼养老服务机构和服务人员改进服务质量。其次，养老服务质量指标本身就能引导养老服务质量提升，增加养老服务系统的产出和价值。

OECD 国家在养老机构的配套政策和监管办法等方面形成了一套行之有效的经验（Colombo et al.，2011），主要包括以下 11 方面的内容：

（1）要求养老机构获得营业执照，保证养老服务质量达到最低要求。

（2）鼓励养老机构参加各种质量认证，对养老机构分等定级，以保证养老服务达到相应质量要求。

（3）德国、法国、西班牙等国家要求养老机构必须参加 ISO、E‐Qalin 等质量体系认证，以在机构内部形成持续性的质量保障机制。

（4）要求养老服务人员具备恰当的服务技能，并接受持续的教育培训，提高员工满意度以降低流失率。

（5）常规性地开展检查和巡视，并对违反操作规范和质量标准的行为进行处置，将结果向公众公开。

（6）公布养老机构服务的最佳操作规范和准则，供各养老机构参考借鉴。

（7）对老年人的养老服务需求进行标准化评估，以便养老机构更好地为其提供服务。

（8）对于老年人使用养老服务的满意度进行测评，从服务效果视角监测养老服务质量。

（9）增强养老机构间的竞争和消费者选择范围，利用市场手段推动养老机构改善服务。

（10）增强弱势老年人的话语权和申诉途径，当侵犯老年人权益的行为出现时，老年人有合适途径保障自身利益。

（11）增强养老服务与其他涉老服务间的协调与整合，为老年人营造一个无障碍的宜居环境。

表10－1显示经济合作与发展组织成员国提升养老服务质量的政策和工具可分为三类：第一类主要缓解养老服务提供者缺乏自我管理动机的问题，通过外部制度管理来控制和保障服务质量，主要采用控制服务投入（劳动和基础设施）的方法，也通过设置服务的最低可接受标准并强制实施；第二类是提出服务标准化的措施，促使养老服务流程以理想的状态运行，并监测养老服务质量指标以保障产出能够达到预期目标；第三类是通过市场化的激励因素刺激服务质量提升，市场化的激励因素包括针对养老服务提供者和针对老年人的，包括制定经济刺激政策和鼓励养老服务提供者基于服务效果竞争。

表10－1　　经济合作与发展组织改善养老服务质量的重要政策

类别	政策工具
服务投入的 管理和控制	针对照护质量和老年人保护立法
	最低质量标准
	针对服务提供商和养老机构的鉴定和认证
	养老服务设施审计
	养老服务工作者的鉴定和认证

类别	政策工具
服务过程的监测与标准化	需求评价与照护规划
	养老服务活动指南
	监测养老服务产出的政策
	监测老年人满意度的政策
	公示养老服务产出和效果的政策
以激励提升服务系统	针对养老服务效果付费
	老年人引导与选择性
	老年人保护政策与工具
	对养老服务公示并分级
	养老服务的整合与协调政策
	信息技术的使用

资料来源：OECD，European Commission. A Good Life in Old Age? Monitoring and Improving Quality in Long – Term Care［M］. Paris：OECD，2013a.

但是，我们也应当看到，现有的养老服务质量提升系统包含了中央政府、地方政府、社区和老年人等的复杂互动，可能给管理标准的监督和执行带来挑战。另外，对于养老服务的过度管理，特别是针对养老服务机构的监管，可能给他们带来较高的行政成本，在政策的设计过程中也应当重视。另外，运用市场手段提高养老服务质量具有较大潜力，但是应考虑到运用经济刺激政策会产生一些副作用。

第二节　增强养老服务公平性并实现全覆盖

从公平和效率的原则出发，大部分发达国家都以公共服务的方式来提供养老照护服务，减轻个人的养老照护服务负担，很多国家甚至实施了以"普遍服务"为特征的养老服务全覆盖，只有一些低收入国家仍然完全依靠家庭非正式照护的方式来提供养老服务。由于养老服务的成本高昂，很可能远远超过老年人家庭的承受能力，而让其生活陷入困境，因此在更大范围的人群中分担养老服务产生的金融风险、保障老年人获取养老服务的公平性就显得更有效率。在养老公共服务的供给过程中，公平性主要体现在三个方面。

一、公共服务覆盖的公平

公共服务覆盖的公平是指有相应需求的老年人都公平地受到养老公共服务覆盖。发达国家都提供一个"养老服务基本底线"，为急需养老服务又缺乏承担能力的弱势群体提供养老公共服务。近年来，为所有需要养老服务的老年人提供有差别的"普遍服务"成为新的发展趋势。"普遍服务"能够覆盖所有具有相应需求的老年人，但是又依据老年人的失能程度和经济状况等提供有差别的服务，并确定不同的费用分摊比例，更有利于保障养老公共服务覆盖范围的公平性。"普遍服务"与仅"兜底线"保障弱势群体的养老公共服务相比，会产生更高的成本，但是这些成本可以通过政府扩大税收来源、设立养老服务社会保险计划等方式来覆盖，提供"普遍服务"的收益高于所产生的成本。

二、获取有效服务的公平

获取有效服务的公平是指养老公共服务覆盖范围的老年人，在有需要时都能及时获取到同等质量的养老服务，养老服务是依据老年人的真实需求情况而提供，而不是根据职业、身份、性别等因素而差别化地提供，具有相同需求的老年人能享受到相同的养老服务。

从实际情况来看，各国在提供养老服务上常常存在不公平性。虽然老年人都受养老公共服务所覆盖，但是居住在较为偏远地区的老年人往往离养老机构较远，老年人享受养老服务更为困难，在获取服务上并不公平。偏远地区老年人能够选择的养老服务种类较少，养老服务机构常常因为缺乏竞争而不重视提高质量，最终影响了养老服务的效果。

三、养老服务效果的公平

养老服务效果的公平是指不同地区、不同群体的老年人在接受差异化的养老服务以后，能够产生相同的养老服务效果，可以用基于效果的养老服务质量或者老年人生活质量来评价。养老服务效果的公平是养老服务公平性的最终目标。养老服务的效果不仅由养老服务质量本身决定，也与老年人自身的个体特性密切相关，受经济社会背景、人口学因素、环境因素、个人行为、生活方式等影响。因此，简单地提供相同质量的养老服务，未必能达到相同的养老服务效果。为了实现养老服务效果的公平，必须根据不同地区、群体、个体特性的老年人制定不同的养老服务方案。

第三节 增强老年人在养老服务过程中的权利

老年人对于他们所要接受的养老服务常常缺乏影响力，他们是被动的角色，只能顺从养老服务工作者的建议，假设养老服务工作者知晓一切情况并且会完全为他们的利益而行事。在这种双边关系中，养老服务工作者具有较强的权威性。

随着老年人受教育程度的提高、提高自身生活质量意愿的增强，他们更容易获取健康和照护知识，也要求更好的照护服务，在决策过程中具有更多的话语权，给以养老服务工作者为中心的传统照护模式带来了变革的压力。

　　具有更多权利的老年人，更愿意获取自身养老服务的信息，更重视自身的健康状况，更有可能改变生活习惯，也更有利于实施积极性的养老照护方案。老年人还可能结成联盟，为争取更好的人性化养老环境而斗争。养老服务工作者也可以依据老年人的理性选择而提升服务质量，在两者之间形成良性的互动关系。

第四节　实现各类养老机构间的无缝化衔接

　　老年人的养老服务需求是极其复杂的，从以老年人为中心的服务视角来看，成功的养老服务政策应该为老年人提供一体化的服务，而不是让老年人去适应碎片化的服务系统。成功的养老服务政策应该将医疗机构、社会服务机构、社会保险机构和住房保障机构等整合到一起，建立统一的养老服务平台和养老服务个人规划，实现公共部门和私营部门、中央政府和地方政府、养老服务机构和资金来源机构、养老服务机构之间的密切合作，为老年人提供综合性无缝化的服务。

　　实现老年人的医疗服务和养老服务相结合是世界性的发展趋势。如果医疗服务与养老服务相割裂，会产生诸多弊端。首先，老年人需要在碎片化的服务体系之间来回转移，其中存在大量的制度障碍，会降低养老服务质量和老年人生活满意度。其次，老年人在入院治疗结束后如果缺乏合适的养老结构接纳，家庭养老又不能胜任照护职能，那么老年人会选择滞留在医院中以医疗服务替代养老服务，会极大地增加公共财政支出负担。

　　正式养老服务的供给还应该考虑到养老服务需求的动态变化，随着老年人失能程度的变化，他们的健康需求、照护需求和生活需求会发生改变，因此也应该允许正式养老服务系统随老年人养老服务需求的变化而及时改变。

第五节　鼓励发展居家养老方式

对于老年人而言，家庭是最为舒适的养老场所，在有条件的情况下绝大多数老年人都愿意选择居家养老。同时，居家养老在所有国家都是最主要的养老方式，家庭非正式照护者是最为重要的养老服务者。大多数家庭照护者是女性，他们主要是老年人的配偶或女儿。大多数家庭照护服务都是低强度的，对家庭照护者的就业和生活质量不会产生严重影响。但是，随着老年人失能程度的逐步提升，如果每周家庭照护时间超过 10 个小时，就可能造成家庭照护者减少工作时间、退出劳动力市场、收入下降，高强度的照护服务甚至可能给家庭照护者造成严重心理疾病。

为了鼓励老年人采取居家养老方式，也为了消除高强度照护服务可能带来的负面影响，各国政府都出台了多种政策措施来扶助家庭照护者。为家庭照护者提供公共服务的考虑主要出于三个方面：首先，老年人更愿意被家庭成员所照护，能够显著提升照护服务质量和老年人生活质量；其次，能够减轻照护强度过大对家庭照护者产生的负面影响，包括退出劳动力市场、生活贫困、过重生理和心理负担等，也能从政府层面对家庭照护者的社会贡献进行认可；最后，以这种方式鼓励老年人居家养老，以替代昂贵的机构养老方式，能够降低政府的养老公共服务支出。

从各发达国家的实践来看，为家庭照护者提供的公共服务主要包括以下几种类型：为老年人或家庭照护者提供资金资助、提供税收优惠、协助缴纳社会保险、提供带薪休假、提供照护事假、弹性工作制度、提供教育培训、喘息式照护服务、提供咨询服务、协助制定养老服务规划等。

第六节　拓宽养老服务资金来源渠道

发达国家采取了多种措施来承担养老服务的高额费用支出，很多国家采用了与医疗服务近似的供给模式，包括以税收收入资助的模式和基于社会保险的模式。无论采取何种模式，养老服务的资金来源规划都应立足于长远的老龄化发展趋势，其中的权利义务应体现公共服务和个人责任的平衡。各国采取的主要措施包括以下几个方面。

一、扩宽税基

扩宽税基不仅仅将老年人或就业劳动者所缴纳的税收用于资助养老公共服务，而是从其他渠道拓展了更多的税收来源，实现了养老公共服务税收来源的多元化。

二、代际分摊成本

在代际人口之间分摊养老公共服务成本，避免养老服务成本过度集中于某一年龄段人群。在德国等国家老年人也被继续要求缴纳养老服务社会保险。

三、预留养老服务基金

不能仅依据老龄化和养老服务的现状来规划养老服务资金来源方

案，考虑到老龄化和高龄化程度的持续提升，应为未来养老服务的不确定性做好准备，依据未来的养老服务需求预留足够基金。

四、创新资金来源渠道

可以创新性地采用公私合作（PPP）、养老服务私人保险和住房反向抵押养老保险等模式来资助养老服务，增强养老服务资金来源的多样性和灵活性。美国和新加坡等国家通过发展基于自愿的养老服务私人保险已取得良好成效，政府对养老服务私人保险的参保者给予税收减免优惠。

第七节　降低养老服务的综合成本

"普遍服务"并不意味着所有养老服务都是免费的。事实上，世界上所有国家都建立了与老年人分摊养老服务成本的机制。在老龄化和高龄化发展的进程中，养老服务成本会给政府公共财政带来巨大压力，在此过程中通过多种措施有效降低养老服务综合成本，有利于全社会构建可持续发展的养老社会服务体系。发达国家在实践过程中总结出了多项降低养老服务综合成本的有效措施。

一、控制养老服务数量和价格

政府在保证养老服务质量的前提下，以多种方式提升养老服务的劳动生产率，限制养老机构的最高收益水平，控制养老服务的价格，避免养老服务公共支出的过快增长。同时，也科学控制对单个老年人提供的养老服务总量，避免出现过度服务的情况。从数量和价格上控制养老服务的综合成本。

二、控制养老服务准入

建立养老服务准入的"守门员"制度，对于养老公共服务体系的准入进行严格把关。既体现"普遍服务"的原则，对于每一个有相应需求的老年人都提供养老公共服务，又清晰明确公共服务界限，避免养老公共服务的滥用，将公共资源集中在最有需求的老年人身上。

三、分摊养老服务费用

让老年人负担部分养老服务费用，能够延缓老年人开始享受养老公共服务的时间，避免养老服务准入中的"道德风险"，让老年人更加珍视养老公共服务，防止对养老公共服务资源的滥用。大部分国家都不覆盖老年人在养老机构中的餐饮和住宿费用，这样既能让老年人为自己的食宿承担合理费用，也能够避免老年人为了节约生活成本而以机构养老来取代居家养老。但是，在设计相关机制时也应该考虑到弱势群体对分摊费用的承受能力，避免因此反而造成了新的社会不公，应在科学确定其承受能力的前提下对分摊费用进行减免。

四、引入竞争机制

很多国家通过在养老服务机构之间引入市场竞争机制来降低成本、提高效率。各种竞争机制包括将养老服务出资者和养老服务机构分离、让老年人在养老服务机构之间自由选择、让养老服务机构以招投标方式获取服务合同等。在引入市场竞争机制的过程中应注意到，首先要有对各机构服务质量的客观评价，其次老年人需要具备完全的信息和决策能力，养老服务的市场竞争机制才能充分发挥作用。

五、鼓励健康老龄化

老龄化和高龄化本身并不会直接导致养老服务需求的增加，只有它们带来的残疾和失能才是养老服务需求增加的直接原因。鼓励老年人健康老龄化，扭转老年人的不健康生活方式，找出失能高风险群体并提前预防治疗，有助于预防或延缓老年人生理和心理状况的恶化，从根源上提升老年人生活质量、降低养老服务成本。

第八节　鼓励养老服务业的就业与创业

一、增加养老服务工作者数量

养老照护服务的工资水平较低、工作环境较差，导致很多人不愿从事此行业。人员流失率较高、养老服务工作者存在供需缺口是各国面临的普遍问题。养老服务工作者供应不足会影响养老服务的数量和质量，并进一步增加现有工作者的工作压力，形成恶性循环。养老服务工作者流失又会给养老机构人力资本投资造成巨大浪费，并阻碍了养老服务专业性的持续提升。

各发达国家增加养老服务工作者供应的主要措施包括增加公共专业技能培训、改善工作人员的待遇和工作条件、减轻工作强度和压力、提升服务工作者社会地位、改善养老服务职业形象、增加养老服务的专业技能认证、让养老服务成为严肃的专业化职业、为工作者构建职业上升通道等方面。例如，德国和美国有专门的政策鼓励年轻人接受培训并从事养老照护服务。德国和澳大利亚为工作人员进入养老服务行业提供经济支持和奖励。德国、荷兰和澳大利亚鼓励退出养老服务行业的员工重返养老服务业。日本、新西兰、芬兰、荷兰和英国等国家则鼓励长期失业的劳动力进入养老服务业。

二、鼓励养老服务业的创业创新

发挥市场在资源配置中的决定性作用和更好地发挥政府作用，加大简政放权力度，放宽政策、放开市场、放活主体，形成养老服务领域创业创新的良好氛围。首先，提高养老服务业规模化、集约化、专业化水平，鼓励发展适合不同层次老百姓需求的多元化养老服务产品，构建现代养老服务产业体系；其次，依托"互联网＋"、大数据等，建立和完善线上与线下、境内与境外、政府与市场开放合作等创业创新机制，推动养老服务业模式创新；再次，切实解决创业者面临的资金需求、市场信息、政策扶持、技术支撑、公共服务等瓶颈问题，最大限度释放养老服务领域创业创新活力；最后，建立养老服务质量保障体系，保障养老服务的安全、秩序和质量，维护公平竞争的养老服务业发展环境。

参 考 文 献

［1］巴马瑶族自治县统计局.2022 年巴马瑶族自治县国民经济和社会发展统计公报［R］.巴马：巴马瑶族自治县统计局，2023.

［2］巴马瑶族自治县文化广电体育和旅游局.凝心聚力 大山深处走出文旅致富"幸福路"［R］.巴马：巴马瑶族自治县文化广电体育和旅游局，2020.

［3］柴彦威，田原裕子，李昌霞.老年人居住迁移的地理学研究进展［J］.地域研究与开发，2006，25（3）：109－115.

［4］陈谊，黄慧.如何解决老年人的异地养老需求［J］.北京观察，2006（10）：19－22.

［5］冯占联等.中国城市养老机构的兴起：发展与公平问题［J］.人口与发展，2012（6）：16－23.

［6］高晓路.城市居民对养老机构的偏好特征及社区差异［J］.中国软科学，2013（1）：103－114.

［7］国家统计局.第七次全国人口普查公报［R］.北京：国家统计局，2021.

［8］国家统计局.中国 1982 年人口普查资料［R］.北京：国家统计局，1985.

［9］国家统计局.中国统计年鉴 2022［M］.北京：中国统计出版社，2022.

［10］国家统计局.中华人民共和国 2022 年国民经济和社会发展统

计公报［R］. 北京：国家统计局，2023.

［11］国务院.“十四五”国家老龄事业发展和养老服务体系规划［R］. 北京：国务院，2021.

［12］姜向群. 对“异地养老”的概念及其实践活动的质疑［J］. 人口研究，2006，30（4）：39－42.

［13］姜向群，季燕波，常斐. 北京市老年人异地养老意愿分析［J］. 北京社会科学，2012（2）：33－37.

［14］李芬. 异地养老者的特征：异地养老模式的机遇与挑战［J］. 人口与发展，2012，18（4）：61－66.

［15］李松柏. 长江三角洲都市圈老人乡村休闲养老研究［J］. 经济地理，2012，32（2）：154－159.

［16］苗瑞凤. 老年流动人口城市适应性的社会学分析［J］. 中国老年学杂志，2012（18）：4095－4097.

［17］民政部. 2021年民政事业发展统计公报［R］. 北京：民政部，2022.

［18］民政部. 养老机构管理办法［R］. 民政部令第66号. 北京：民政部，2020.

［19］穆光宗. 关于“异地养老”的几点思考［J］. 中共浙江省委党校学报，2010（2）：19－24.

［20］上海市老龄工作委员会办公室等. 2022年上海市老年人口和老龄事业监测统计信息［R］. 上海：上海市老龄事业发展促进中心，2023.

［21］世界卫生组织. 建立老年人长期照顾政策的国际共识［R］. 日内瓦：世界卫生组织，2000.

［22］吴玉韶等. 中国老龄事业发展报告（2013）［M］. 北京：社会科学文献出版社，2013.

［23］香港贸易发展局. 中国银发市场：中产消费者购买长者产品

的消费特征［R］. 香港：香港贸易发展局，2019.

［24］中国旅游研究院. 中国休闲发展年度报告 2011 – 2012 ［M］. 北京：旅游教育出版社，2012，1 – 151.

［25］周刚. 养老旅游理论与实践研究［J］. 地域研究与开发，2009，28（2）：112 – 116.

［26］Allon – Smith R D. The evolving geography of the elderly in England and Wales ［A］. In Warnes A M. ed. Geographical Perspective on the Elderly ［C］. Chichester：Wiley，1982. 35 – 52.

［27］Atchley R C. A continuity theory of normal aging ［J］. The Gerontologist，1989，29（2）：183 – 190.

［28］Baltes M M，Carstensen L L. The process of successful ageing ［J］. Ageing and Society，1996，16（4）：397 – 422.

［29］Bennett D G. Retirement migration and economic development in high-amenity，nonmetropolitan areas ［J］. Journal of Applied Gerontology，1993，12（4）：466 – 481.

［30］Berkman M B，Plutzer E. Gray peril or loyal support? The effects of the elderly on educational expenditure ［J］. Social Science Quarterly，2004，85（5）：1178 – 1192.

［31］Bozic S. The achievement and potential of international retirement migration research：the need for disciplinary exchange ［J］. Journal of Ethnic and Migration Studies，2006，32（8）：1415 – 1427.

［32］Brown D L，Glasgow N. Rural Retirement Migration ［M］. Dordrecht：Springer，2008.

［33］Bultena G L，Wood V. The American Retirement Community：Bane or Blessing? ［J］. Journal of Gerontology，1969，24（2）：209 – 217.

［34］Casado – Diaz M A，Kaiser C，Warnes A M. Northern European retired residents in nine southern European areas：characteristics，motivations and adjustment [J]. Ageing and Society, 2004, 24 (3): 353 -381.

[35] Casado - Diaz, M A. Retiring to Spain: an analysis of differences among north European nationals [J]. Journal of Ethnic and Migration Studies, 2006, 32 (8): 1321 -1339.

[36] Colello, Kirsten J. , Gregg A. Girvan, Janemarie Mulvey, Scott R. Talaga. Long-term Services and Supports: Overview and Financing [R]. Washington DC: Congressional Research Service, 2012.

[37] Colombo, F. , A. Llena - Nozal, J. Mercier, F. Tjadens. Help Wanted? Providing and Paying for Long - Term Care [M]. Paris: OECD. 2011.

[38] Conway K S, Houtenville A J. Out with the old, in with the old: a closer look at younger versus older elderly migration [J]. Social Science Quarterly, 2003, 84 (2): 309 -328.

[39] Crown W H, Longino C F. State and regional policy implications of elderly migration [J]. Journal of Aging & Social Policy, 1991, 3 (1 - 2): 185 -207.

[40] De Jong G F, Wilmoth J M, Angel J L, Comwell G T. Motives and the geographic mobility of very old Americans [J]. Journal of Gerontology: Social Sciences, 1995, 50B (6): S395 - S404.

[41] Destination Florida Commission. Destination Florida Commission's final report with recommendations [R]. Florida: Destination Florida Commission, 2003.

[42] Elliott, S. , S. Golds, I. Sissons, and H. Wilson. Long-term care: a review of global funding models [J]. British Actuarial Journal, 20 (1): 167 -208. 2015.

[43] Evans S. 'That lot up there and us down here': social interaction and a sense of community in a mixed tenure UK retirement village [J].

Ageing and Society, 2009, 29 (2): 199 – 216.

[44] Faranda W T, Schmidt S L. Segmentation and the senior traveler: implications for today's and tomorrow's aging consumer [J]. Journal of Travel & Tourism Marketing, 1999, 8 (2): 3 – 27.

[45] Fleischer A, Pizam A. Tourism constraints among Israeli seniors [J]. Annals of Tourism Research, 2002, 29 (1): 106 – 123.

[46] Freund A M, Baltes P B. Selection, optimization, and compensation as strategies of life management: correlations with subjective indicators of successful aging [J]. Psychology and Aging, 1998, 13 (4): 531 – 543.

[47] Freysinger V J, Stanley D. The impact of age, health, and sex on the frequency of older adults' leisure activity participation: a longitudinal study [J]. Activities, Adaptation & Aging, 1995, 19 (3): 31 – 42.

[48] Gardiner S, King C, Grace D. Travel decision making: an empirical examination of generational values, attitudes, and intentions [J]. Journal of Travel Research, 2013, 52 (3): 310 – 324.

[49] Gibson H. Busy travelers: leisure-travel patterns and meanings in later life [J]. World Leisure Journal, 2002, 44 (2): 11 – 20.

[50] Gibson H, Yiannakis A. Tourist roles: needs and the lifecourse [J]. Annals of Tourism Research, 2002, 29 (2): 358 – 383.

[51] Gilbert E W, Litt B. The growth of inland and seaside health resorts in England [J]. Scottish Geographical Magazine, 1939, 55 (1): 16 – 35.

[52] Gober P. The Retirement Community as a Geographical Phenomenon: The Case of Sun City, Arizona [J]. Journal of Geography, 1985, 84 (5): 189 – 198.

[53] Gustafson P. Tourism and seasonal retirement migration [J]. Annals of Tourism Research, 2002, 29 (4): 899 – 918.

[54] Gustafson P. Transnationalism in retirement migration: the case of north European retirees in Spain [J]. Ethnic and Racial Studies, 2008, 31 (3): 451 – 475.

[55] Harris – Kojetin, L. , M. Sengupta, E. Park – Lee, R. Valverde. Long-term care services in the United States: 2013 overview [R]. Hyattsville, MD: National Center for Health Statistics. 2013.

[56] Harvard School of Public Health. Reinventing Aging: Baby Boomers and Civic Engagement [R]. Boston: Harvard School of Public Health, 2004.

[57] Haug B, Dann G M S, Mehmetoglu M. Little Norway in Spain: from tourism to migration [J]. Annals of Tourism Research, 2007, 34 (1): 202 – 222.

[58] Hillman W. Grey nomads travelling in Queensland, Australia: social and health needs [J]. Ageing and Society, 2013, 33 (4): 579 – 597.

[59] Hogan T D, Steinnes D N. A logistic model of the seasonal migration decision for elderly households in Arizona and Minnesota [J]. The Gerontologist, 1998, 38 (2): 152 – 158.

[60] Holloway D, Green L, Holloway D. The intratourist gaze: grey nomads and 'other tourists' [J]. Tourist Studies, 2011, 11 (3): 235 – 252.

[61] Houser, A. , W. Fox – Grage, K. Ujvari. Across the States 2012: Profiles of Long – Term Services and Supports [M]. Washington, DC: AAAP. 2012.

[62] Howard R W. Western retirees in Thailand: motives, experiences, wellbeing, assimilation and future needs [J]. Ageing and Society, 2008, 28 (2): 145 – 163.

[63] Huber A, O'reilly K. The construction of Heimat under conditions of individualised modernity: Swiss and British elderly migrants in Spain [J]. Ageing and Society, 2004, 24 (3): 327 -351.

[64] Kane, Rosalie A. Long - Term Care and a Good Quality of Life [J]. The Gerontologist, 2001, 41 (3): 293 -304.

[65] Kaye, H. S., C. Harrington, M. P. LaPlante. Long - Term Care: Who Gets It, Who Provides It, Who Pays, And How Much? [J]. Health Affairs, 2010, 29 (1): 11 -21.

[66] King R, Warnes A M, Williams A M. International Retirement Migration in Europe [J]. International Journal of Population Geography, 1998, 4 (2): 91 -111.

[67] King R, Warnes T, Williams A. Sunset Lives: British Retirement Migration to the Mediterranean [M]. Oxford: Berg Publishers, 2000. 1 -233.

[68] Kirsten, J. C., G. A. Girvan, J. Mulvey, S. R. Talaga. Long - Term Services and Supports: Overview and Financing [R]. CRS Report for Congress. No. R42345. Washington, DC: Congressional Research Service. 2012.

[69] La Parra D, Mateo M A. Health status and access to health care of British nationals living on the Costa Blanca, Spain [J]. Ageing and Society, 2008, 28 (1): 85 -102.

[70] Lee E S. A theory of migration [J]. Demography, 1966, 3 (1): 47 -57.

[71] Levinson D J. The Seasons of A Man's Life [M]. New York: Ballantine Books, 1978.

[72] Lohmann M, Danielsson J. Predicting travel patterns of senior citizens: how the past may provide a key to the future [J]. Journal of Vacation

Marketing, 2001, 7 (4): 357 – 365.

[73] Longino C F, Crown W H. Retirement migration and interstate income transfers [J]. The Gerontologist, 1990, 30 (6): 784 – 789.

[74] Lucas S. The Images Used to "Sell" and Represent Retirement Communities [J]. The Professional Geographer, 2004, 56 (4): 449 – 459.

[75] McGuire F A. A factor analytic study of leisure constraints in advanced adulthood [J]. Leisure Sciences, 1984, 6 (3): 313 – 326.

[76] McHugh K E, Fletchall A M. Memento Mori: The "Death" of Youngtown [J]. The Professional Geographer, 2009, 61 (1): 21 – 35.

[77] McHugh K E, Larson – Keagy E M. These white walls: The dialectic of retirement communities [J]. Journal of Aging Studies, 2005, 19 (2): 241 – 256.

[78] McHugh K E, Mings R C. On the road again: seasonal migration to a sunbelt metropolis [J]. Urban Geography, 1991, 12 (1): 1 – 18.

[79] McHugh K, Gober P, Borough D. The sun city wars: chapter 3 [J]. Urban Geography, 2002, 23 (7): 627 – 648.

[80] National Association of Area Agencies on Aging. A Blueprint for Action: Developing a Livable Community for All Ages [M]. Washington, DC: NAAAA, 2007.

[81] Nimrod G, Kleiber D A. Reconsidering change and continuity in later life: toward an innovation theory of successful aging [J]. The International Journal of Aging and Human Development, 2007, 65 (1): 1 – 22.

[82] Nimrod G. Retirement and tourism themes in retirees' narratives [J]. Annals of Tourism Research, 2008, 35 (4): 859 – 878.

[83] Norton, Edward C. Long – Term Care. in A. J. Culyer and J. P. Newhouse eds. Handbook of Health Economics [M]. Volume 1. Amsterdam:

Elsevier, 2000: 956 – 994.

[84] OECD, European Commission. A Good Life in Old Age? Monitoring and Improving Quality in Long – Term Care [M]. Paris: OECD, 2013a.

[85] OECD. Health at a Glance 2021 [R]. Paris: OECD, 2022.

[86] OECD. Health at a Glance 2019 [R]. Paris: OECD, 2019.

[87] OECD. Health at a Glance 2013 [R]. Paris: OECD, 2013b.

[88] Oldakowski R K, Roseman C C. The development of migration expectations: changes throughout the lifecourse [J]. Journal of Gerontology, 1986, 41 (2): 290 – 295.

[89] Oliver C. Retirement Migration: Paradoxes of Ageing [M]. New York: Routledge, 2008, 1 – 173.

[90] Ono M. Long-stay tourism and international retirement migration: Japanese retirees in Malaysia [A]. in Yamashita S, Minami M, Haines D W et al. eds. Transnational Migrationin East Asia: Japan in a Comparative Focus [C]. Osaka: National Museum of Ethnology, 2008.

[91] Patterson I. Growing older: tourism and leisure behaviour of older adults [M]. Oxfordshire: CABI, 2006.

[92] Peck A. Local government responses to ageing communities: an international perspective [R]. Canberra: The Winston Churchill Memorial Trust, 2005.

[93] Pritchard A, Morgan N. Hopeful tourism: a new transformative perspective [J]. Annals of Tourism Research, 2011, 38 (3): 941 – 963.

[94] Quesnel – Vallée, A., J. Farrah, T. Jenkins. Population Aging, Health Systems, and Equity: Shared Challenges [C]. in R. A. Settersten and J. L. Angel eds. Handbook of Sociology of Aging. Dordrecht: Springer, 563 – 581, 2011.

[95] Ray R E. Coming of age in critical gerontology [J]. Journal of Ag-

ing Studies, 2008, 22 (2): 97 – 100.

[96] Reeder R. Retiree – Attraction Policies for Rural Development [R]. Agriculture Information Bulletin No. 741. Washington, DC: US Department of Agriculture, 1998.

[97] Rodriguez V, Fernandez – Mayoralas G, Rojo F. European Retirees on the Costa del Sol: A Cross – National Comparison [J]. International Journal of Population Geography, 1998, 4 (2): 183 – 200.

[98] Rodriguez V. Tourism as a recruiting post for retirement migration [J]. Tourism Geographies, 2001, 3 (1): 52 – 63.

[99] Rogers A. Age patterns of elderly migration: an international comparison [J]. Demography, 1988, 25 (3): 355 – 370.

[100] Sedgley D, Morgan N, Pritchard A. Insights into older women's leisure: voices from urban South Wales [J]. World Leisure Journal, 2007, 49 (3): 129 – 141.

[101] Sedgley D, Pritchard A, Morgan N. Tourism and ageing: a transformative research agenda [J]. Annals of Tourism Research, 2011, 38 (2): 422 – 436.

[102] Skelley B D. Retiree – Attraction Policies: Challenges for Local Governance in Rural Regions [J]. Public Administration and Management, 2004, 9 (3), 212 – 223.

[103] Smith S K, House M. Snowbirds, sunbirds, and stayers: seasonal migration of elderly adults in Florida [J]. Journal of Gerontology: Social Sciences, 2006, 61B (5): S232 – S239.

[104] Speare A, Avery R, Lawton L. Disability, residential mobility, and changes in living arrangements [J]. Journal of Gerontology: Social Sciences, 1991, 46 (3): S133 – S142.

[105] Staats S, Pierfelice L. Travel: a long-range goal of retired

women [J]. The Journal of Psychology, 2003, 137 (5): 483 –494.

[106] Stallmann J I, Siegel P B. Attracting retirees as an economic development strategy: looking into the future [J]. Economic Development Quarterly, 1995, 9 (4): 372 –382.

[107] Stoller E P, Longino C F. "Going home" or "leaving home"? The impact of person and place ties on anticipated counterstream migration [J]. The Gerontologist, 2001, 41 (1): 96 –102.

[108] Strain L A, Grabusic C C, Searle M S et al. Continuing and ceasing leisure activities in later life: a longitudinal study [J]. The Gerontologist, 2002, 42 (2): 217 –223.

[109] Streib G F. An Introduction to Retirement Communities [J]. Research on Aging, 2002, 24 (1): 3 –9.

[110] Sunil T S, Rojas V, Bradley D E. United States' international retirement migration: the reasons for retiring to the environs of Lake Chapala, Mexico [J]. Ageing and Society, 2007, 27 (4): 489 –510.

[111] Transportation for America. Aging in Place, Stuck without Options: Fixing the Mobility Crisis Threatening the Baby Boom Generation [R]. Washington, DC: Transportation for America, 2011: 1 –56.

[112] Trolander J A. Age 55 or Better: Active Adult Communities and City Planning [J]. Journal of Urban History, 2011, 37 (6): 952 –974.

[113] United Nations. World Population Ageing 2020 Highlights [R]. New York: United Nations, 2020.

[114] United Nations. World Population Prospects 2019 [R]. New York: United Nations, 2019.

[115] United Nations. World Population Prospects 2022 [R]. New York: United Nations, 2022.

[116] United Nations. World Population Prospects: The 2015 Revision

[R]. New York: United Nations, 2015.

[117] Walters W H. Place characteristics and later-life migration [J]. Research on Aging, 2002, 24 (2): 243 –277.

[118] Warnes A M, Williams A. Older migrants in Europe: a new focus for migration studies [J]. Journal of Ethnic and Migration Studies, 2006, 32 (8): 1257 –1281.

[119] Warnes T. International retirement migration [A]. in Uhlenberg P. ed. International Handbook of Population Aging [C]. Dordrecht: Springer, 2009: 341 –363.

[120] White N R, White P B. Travel as transition: identity and place [J]. Annals of Tourism Research, 2004, 31 (1): 200 –218.

[121] WHO. Active Ageing: A Policy Framework [M]. Geneva: World Health Organization, 2002a.

[122] WHO. Global Survey on Geriatrics in the Medical Curriculum [M]. Geneva: World Health Organization, 2002b.

[123] WHO. Long – Term Care Laws in Five Developed Countries – A Review [M]. Geneva: WHO, 2000.

[124] Wiener, J. M. After CLASS: The Long – Term Care Commission's Search For A Solution [J]. Health Affairs, 2013, 32 (5): 831 –834.

[125] Zimmer Z, Brayley R E, Searle M S. Whether to go and where to go: identification of important influences on seniors' decisions to travel [J]. Journal of Travel Research, 1995, 33 (3): 3 –10.